Comitês de Resolução de Disputas (*dispute boards*) nos Contratos da Administração Pública

Comitês de Resolução de Disputas (*dispute boards*) nos Contratos da Administração Pública

2022

Igor Gimenes Alvarenga Domingues

ALMEDINA

COMITÊS DE RESOLUÇÃO DE DISPUTAS (*DISPUTE BOARDS*) NOS CONTRATOS DA ADMINISTRAÇÃO PÚBLICA

AUTOR: Igor Gimenes Alvarenga Domingues

DIRETOR ALMEDINA BRASIL: Rodrigo Mentz
EDITORA JURÍDICA: Manuella Santos de Castro
EDITOR DE DESENVOLVIMENTO: Aurélio Cesar Nogueira
ASSISTENTES EDITORIAIS: Isabela Leite e Larissa Nogueira
ESTAGIÁRIA DE PRODUÇÃO: Laura Roberti

DIAGRAMAÇÃO: Almedina
DESIGN DE CAPA: Roberta Bassanetto

ISBN: 9786556276496
Outubro, 2022

Dados Internacionais de Catalogação na Publicação (CIP)
(Câmara Brasileira do Livro, SP, Brasil)

Domingues, Igor Gimenes Alvarenga
Comitês de resolução de disputas (dispute boards)
nos contratos da administração pública / Igor GimenesAlvarenga Domingues.
-- São Paulo : Almedina, 2022.

Bibliografia.
ISBN 978-65-5627-649-6

1. Administração pública 2. Contratos
administrativos 3. Licitação pública - Legislação
I. Título.

22-117340 CDU-351.712.2.032.3

Índices para catálogo sistemático:

1. Licitações e contratos administrativos : Direito administrativo 351.712.2.032.3

Cibele Maria Dias - Bibliotecária - CRB-8/9427

Este livro segue as regras do novo Acordo Ortográfico da Língua Portuguesa (1990).

EDITORA: Almedina Brasil
Rua José Maria Lisboa, 860, Conj.131 e 132, Jardim Paulista | 01423-001 São Paulo | Brasil
www.almedina.com.br

Dedico esta obra a Luciana, Clara e Cauã.
Por vocês tudo faz sentido. Em vocês sempre está a solução.

“A tarefa não é tanto ver aquilo que ninguém viu, mas pensar o que ninguém ainda pensou sobre aquilo que todo mundo vê.”

Arthur Schopenhauer

AGRADECIMENTOS

Agradeço aos meus pais, pelos estímulos que sempre recebi na busca pelo conhecimento. À minha família pelo apoio incondicional em cada etapa deste processo.

Agradeço à Escola de Direito de São Paulo da Fundação Getulio Vargas, seus professores e coordenadores, além dos colegas do programa de Mestrado Profissional, por propiciarem um ambiente de aprendizado tão especial. Caminhar ao lado de vocês tornou tudo mais fácil e prazeroso.

Agradeço ao meu orientador, Professor Dr. Leonardo Toledo da Silva, por estar sempre presente quando eu precisava e, ao mesmo tempo, permitir que o trabalho fosse conduzido num ritmo compatível com os compromissos profissionais. Esta obra é fruto direto de suas proposições e provocações.

Agradeço, também, aos Professores Fernando Marcondes e Vera Monteiro, pela generosidade demonstrada no seminário de qualificação. Seus comentários e sugestões foram essenciais para conectar esta obra aos desafios práticos da realidade.

Agradeço à Procuradoria Geral do Estado do Espírito Santo por todo incentivo e apoio material fornecido para que a realização do curso fosse possível.

E a Deus, sempre, por tudo!

NOTA DO AUTOR

Essa obra é fruto da dissertação com a qual obtive o título de Mestre em Direito Público pela Escola de Direito de São Paulo da Fundação Getulio Vargas. No início do projeto de pesquisa, a intenção era focar o trabalho exclusivamente nos aspectos inovadores da utilização dos Dispute Boards (DB) em contratos públicos, principalmente no que se refere aos contratos de parceria de longa duração e aos procedimentos de reequilíbrio econômico-financeiro.

Analisando, todavia, a forma como o DB estava sendo implantado nos contratos públicos nacionais, foi necessário dar um passo atrás. Não dava para manter os olhos no horizonte e esquecer do solo, tão inseguro e (ainda) pouco fértil.

Se no Direito da Construção, bastante influenciado pelas experiências internacionais, o mecanismo já estava maturado; no Direito Administrativo brasileiro a sua utilização, mesmo incipiente, ocorria de forma desvirtuada. O foco excessivo no formato ad hoc dos comitês e a visão limitada do mecanismo apenas como um método de resolução de disputas eram sintomas aparentes disto.

Era preciso (re)explicar o DB para a Administração Pública da forma como, ao menos eu, o enxergo: um mecanismo de governança contratual, com foco principal na prevenção de conflitos.

Mais que isso. Era preciso demonstrar aos gestores públicos, de forma prática e objetiva, que existem razões bem mais relevantes que a exigência de bancos e agências financiadoras internacionais para a adoção desta ferramenta contratual.

Afinal, por que, quando e como se deve adotar um comitê de resolução de disputas num contrato da Administração Pública?

Foi o que tentei responder.

Desejo boa leitura!

Junho de 2022.

PREFÁCIO

Em meados de 2018, conduzindo um caso como advogado, em escritório de advocacia do qual faço parte, me vi diante do cenário de ter de despachar com um Douto Magistrado, do Juízo da Fazenda Pública da Comarca de São Paulo, em um processo envolvendo uma disputa relacionada a empreendimento público, para expor-lhe que a função e o intuito dos chamados *Dispute Boards* são prevenir e solucionar disputas de forma célere e especializada, evitando que o relacionamento adversarial das partes se tornasse, por si, um entrave à continuidade das obras.

O Douto Magistrado, embora demonstrasse perfeito conhecimento do caso e do processo em questão, não conseguia disfarçar sua estranheza com a utilização da figura do *Dispute Board* para um contrato com a administração pública. Me perguntara na ocasião: "Como assim, pode um comitê de pessoas indicado pelas próprias partes tomar uma decisão que implicará em um dever de pagamento pela administração pública? Seriam eles funcionários públicos?" Tal pergunta, que me fora formulada na ocasião, era um banho de realidade e revelava algo que a mim não era tão óbvio até então: havia um abismo gigantesco de distância entre as práticas internacionais, já sedimentadas, e a cultura do direito administrativo e dos diferentes atores e tomadores de decisão da administração pública, no que tange à utilização dos *Dispute Boards.*

Felizmente, naquela ocasião, conseguíramos obter, no âmbito do Tribunal de Justiça de São Paulo, importante decisão, preservando a autonomia do *Dispute Board* para tomada de decisões no contrato em questão. Tal precedente fora retumbantemente comemorado pela comunidade brasileira do Direito da Construção e é citada em alguns momentos da presente obra. Embora tal precedente tenha sido um alento, a questão formulada pelo Magistrado mostrava o quanto haveria de ser feito para fomento de utilização pela administração pública de uma ferramenta já madura no cenário internacional.

Vale dizer que, naquela ocasião, já vigorava, no Município de São Paulo, a Lei nº 16.873/18, que inaugurara, no sistema jurídico pátrio, a positivação dos *Dispute Boards,* no âmbito dos contratos com a administração pública. Embora tal legislação fosse importante conquista, era óbvio que havia pouquíssima (ou nenhuma) segurança institucional aos gestores públicos para, de fato, adotarem os *Dispute Boards* em seus contratos. Vale lembrar que, na mesma época, pairava sobre os administradores públicos uma névoa tóxica de insegurança jurídica, que alguns juristas denominaram comicamente de "apagão das canetas".

Embora tal névoa ainda esteja longe de ter se dissipado, é fato que houve algumas conquistas para institucionalização dos *Dispute Boards* pela administração pública, e a mais importante delas, a nosso ver, foi a sua previsão expressa no âmbito da Lei 14.133/21 (nova Lei de Licitações e Contratos Administrativos). Também é fato que, não obstante estejamos um pouco melhor do que naquele contexto de meados de 2018, aquele abismo a que me referi anteriormente – entre práticas internacionais e cultura jurídica local – segue gigantesco.

E a presente obra é um passo importante para construção de uma ponte que nos auxiliará a cruzar tal abismo.

A obra é resultado de inúmeras reflexões e problematizações, sempre com o objetivo de reduzir os pontos de maior insegurança atualmente existentes para adoção dos *Dispute Boards* pela administração pública. E o resultado foi atingido com excelência.

O autor usou seu espírito crítico e experiência, como advogado da Procuradoria Geral do Estado do Espírito Santo, para produzir texto muito bem escrito e claro, com recomendações e propostas inclusive práticas para diminuir os "pontos cegos" sobre a matéria.

Tive a felicidade de ser o orientador do Igor no árduo processo de elaboração de sua dissertação, no Mestrado Profissional da FGV Direito-SP, a qual resultou na presente obra. Tal fato muito me orgulha, pois, tenho certeza, tal obra já nasce indispensável à comunidade brasileira do Direito da Construção, aos gestores públicos e a qualquer um que se interesse sobre o tema dos *Dispute Boards*. Quisera eu ter tido acesso a essa obra lá em 2018. Aproveitem a leitura.

Junho de 2022.

LEONARDO TOLEDO DA SILVA
Sócio de Toledo Marchetti Advogados
Prof. Dr. da FGV Direito-SP

LISTA DE ABREVIATURAS E SIGLAS

ANTT	–	Agência Nacional de Transportes Terrestres
BIRD	–	Banco Internacional para Reconstrução e Desenvolvimento
CDB	–	Combined Dispute Boards
CGU	–	Controladoria Geral da União
CPSD	–	Comitê de Prevenção e Solução de Disputas
CRD	–	Comitê de Resolução de Disputas
DAB	–	Dispute Adjudication Board
DAAB	–	Dispute Avoidance/Adjudication Board
DB	–	Dispute Board
DRB	–	Dispute Review Board
DRBF	–	Dispute Resolution Board Foundation
FDOT	–	Florida Department of Transportation
FIDIC	–	International Federation of Consulting Engineers
FIPE	–	Fundação Instituto de Pesquisas Econômicas
ICC	–	International Chamber of Commerce
MESC	–	Método Extrajudicial de Solução de Conflitos
MPF	–	Ministério Público Federal
PF	–	Polícia Federal
PL	–	Projeto de Lei
PLS	–	Projeto de Lei do Senado
PPP	–	Parceria Público-Privada
RDC	–	Regime Diferenciado de Contratações Públicas
SPE	–	Sociedade de Propósito Específico
SPPI	–	Secretaria Especial do Programa de Parcerias de Investimentos
STJ	–	Superior Tribunal de Justiça
STF	–	Supremo Tribunal Federal
TIC	–	Tecnologia da Informação e Comunicação
TCU	–	Tribunal de Contas da União

SUMÁRIO

1
INTRODUÇÃO

"A satisfação de ver a obra terminada dá um sabor tão bom que começa a tapar todas as vicissitudes". Jorge Luis Quijano, administrador do Canal do Panamá, deu esta declaração durante a inauguração das obras de ampliação do canal, no ano de 2016[1]. Mesmo num projeto em que houve intensa litigiosidade, com disputas na ordem de 3,5 bilhões de dólares, a obra fora concluída com um atraso de 20 meses[2], que pode até ser considerado pequeno diante de sua complexidade e das divergências que surgiram ao longo de sua execução. A obra contava com uma *Junta de Resolución de Conflictos* ou *Dispute Adjudication Board* (DAB), que teve atuação intensa até que este resultado fosse alcançado[3]. A frase ilustra a importância da conclusão das obras para viabilizar, dentre vários outros ganhos, a própria resolução dos conflitos. A temperatura baixa, abrindo-se uma nova janela de oportunidade para o espírito colaborativo.

A realidade das contratações públicas brasileiras, todavia, aponta para um preocupante ciclo vicioso: assim que surgem os conflitos, as obras para-

[1] MUÑOZ. Ramón. Panamá inaugura seu novo Canal como um ato de reivindicação patriótica. **El País**, Madrid, 27 jun. 2016. Disponível em:<https://brasil.elpais.com/brasil/2016/06/26/economia/1466913941_375424.html> Acesso em: 01 jul. 2021.

[2] Ibidem.

[3] MARCONDES, Fernando. ***Dispute Boards em Contratos de Construção*: o desenvolvimento do método nos países da América Latina.** Solução de Conflitos. Cadernos FGV Projetos. n. 30, ano 12, (abril-maio), 2017, p. 106. Disponível em: <https://fgvprojetos.fgv.br/sites/fgvprojetos.fgv.br/files/cadernosfgvprojetos_30_solucaodeconflitos_0.pdf>. Acesso em: 16 mar. 2021

lisam. Com o atraso do projeto, os conflitos se acirram. Com o acirramento dos conflitos, a conclusão das obras torna-se cada vez mais difícil. Os exemplos são muitos. O Tribunal de Contas da União (TCU) divulgou o resultado de uma auditoria operacional que relatou a existência, no ano de 2019, de mais de 14.000 obras públicas paralisadas no país[4]. Foram analisadas apenas obras feitas com recursos federais, o que aponta para um número muito superior, se consideradas as obras custeadas pelos demais entes da Federação.

Não é difícil imaginar os inúmeros prejuízos que advém da paralisação de obras públicas. Em primeiro lugar, tem-se o custo social, na medida em que a sociedade se verá privada de experimentar o desenvolvimento almejado naquele projeto. Vidas serão perdidas pelos acidentes que a duplicação da estrada iria evitar, ou pelo hospital especializado que não ficou pronto, para ficar nos exemplos óbvios. Na sequência, a paralisação irá trazer inúmeros outros prejuízos – deterioração de materiais, aumento do custo da mão de obra e materiais, invasões, deslocamento dos recursos para outras necessidades, etc. –, que, por si só, podem impedir que a obra seja retomada.

Este cenário aponta que a conclusão do projeto deve ser encarada como um objetivo maior do que o atendimento aos interesses individuais das partes contratantes. Ou seja, que os conflitos deveriam ser resolvidos sem que isso importasse na paralisação dos projetos, numa autêntica aplicação da regra "*pay now, argue later*". Ocorre que as ferramentas legais e contratuais até então utilizadas pela administração pública brasileira têm se mostrado insuficientes para atender a este desiderato.

Partindo-se, então, da experiência internacional, a presente obra busca explorar um mecanismo de governança contratual criado, justamente, para lidar com este problema, atuando com foco na prevenção e resolução de disputas, e no auxílio às partes para que o projeto seja concluído dentro das condições esperadas. Trata-se do denominado *Dispute Board* (DB), conhecido no Brasil pela nomenclatura de Comitê de Resolução de Disputas (CRD) ou Comitê de Prevenção e Solução de Disputas (CPSD).

[4] BRASIL. Tribunal de Contas da União. Plenário. **Auditoria operacional sobre obras paralisadas.** Acórdão nº 1.079/2019. Brasília: Tribunal de Contas da União, 15 mai. 2019. Disponível em: <https://portal.tcu.gov.br/lumis/portal/file/fileDownload.jsp?fileId=8A81881F6CCB7DF3016CDDFF34DD0583>. Acesso em: 15 nov. 2020.

Este Método Extrajudicial de Solução de Conflitos (MESC) se destaca como sendo o único com capacidade tanto de resolver, quanto de prevenir conflitos, na medida em que atua desde o início do contrato, quando ainda inexiste qualquer disputa.

Nesta linha, o *capítulo 2* trará uma análise histórica da origem do mecanismo, e dos resultados reais que vem sendo alcançados por ele na experiência internacional, com foco em verificar a sua efetividade como instrumento de prevenção e resolução de disputas. De maneira mais específica, serão estudadas as regras e procedimentos específicos para o uso do mecanismo que foram padronizadas internacionalmente, principalmente através de entidades e organismo internacionais como o Banco Mundial, a *International Federation of Consulting Engineers* (FIDIC) e a *International Chamber of Commerce* (ICC).

O *capítulo 3* adentrará na realidade nacional, começando pela análise dos contratos públicos nacionais em que o mecanismo já fora efetivamente adotado, bem como pela base normativa – já existente, e em elaboração – que autoriza e regulamenta sua utilização. Ainda com foco na realidade nacional, serão analisados alguns casos emblemáticos em que os Tribunais e órgãos de controle se posicionaram em relação ao DB, de modo a entender como a adoção do mecanismo está sendo recebida no Brasil pela comunidade jurídica.

No *capítulo 4* são analisados os aspectos essenciais das cláusulas de DB nos contratos públicos, sendo efetuadas recomendações propositivas sobre a estruturação destas cláusulas, através de uma cadeia de etapas pré-definidas.

Por fim, no *capitulo 5*, foram destacados alguns pontos que merecem especial atenção, principalmente pelo seu potencial de problematização, que muitas vezes são ignorados em normas e literatura sobre o tema. Passa-se, então, a analisar temas como: executividade das decisões do DB, tutelas liminares que suspendem os efeitos destas decisões, limites de uso das ferramentas de mediação pelos membros do DB, responsabilização dos membros do comitê e conflitos com a atuação dos Tribunais de Contas.

A presente obra buscou trazer respostas às indagações de ordem prática que surgem quando da aplicação efetiva do DB, como: em que consiste o mecanismo? Para que serve? Como funciona? Qual sua diferença para os demais MESCs? Como está se dando a adoção do mecanismo no Brasil? De que forma e com que cautelas pode a Administração Pública se valer do DB em seus contratos? Quando faz sentido a sua utilização? Quais os riscos e como podem ser mitigados?

A metodologia predominante baseia-se na análise de casos reais em que o mecanismo foi adotado, além de leis, projetos de leis, cláusulas contratuais, regulamentos de entidades especializadas na administração de conflitos, decisões judiciais e do Tribunal de Contas da União. Também houve avaliação de artigos doutrinários sobre o tema. A análise de todos estes elementos foi somada à experiência de mais de dez anos do autor como advogado público, atuando em conflitos e disputas decorrentes de contratações públicas diversas.

Isto possibilitou a realização de uma análise conclusiva, e crítica, sobre o atraso e a forma com que o DB vem sendo implatado no Brasil, de modo a se recomendar que seu uso seja espelhado nas melhores práticas internacionais, cujos resultados, efetivamente alcançados, falam por si.

2
NOÇÕES BÁSICAS E EFETIVIDADE DO MECANISMO DEMONSTRADA NA EXPERIÊNCIA INTERNACIONAL

A despeito do nome pelo qual se popularizou mundialmente, *Dispute Resolution Board* (DRB), ou, simplesmente, *Dispute Board* (DB), os Comitês de Resolução de Disputas (CRD), como são conhecidos no Brasil, possuem um escopo de atuação bem mais amplo do que o de um simples método extrajudicial de resolução de conflitos. Antes de qualquer coisa, trata-se de um *instrumento de governança contratual*. Sua principal finalidade é contribuir para a regular execução do contrato, dentro do tempo previsto, mitigando o risco de que as divergências naturais dos contratantes venham a gerar conflitos que impactem o cumprimento das obrigações contratuais.

Roberto Hernández García, valendo-se de contraposição, esclarece que Dispute Boards *"não são mini-arbitragens, mini-mediações ou mini-determinações de peritos, mas uma mistura muito inteligente de todos esses métodos em um mecanismo único que, de certa forma, não é exclusivo da indústria da construção, mas tem estado muito conectado a ela"*.[5]

A definição proposta ajuda a desfazer uma confusão comum que ocorre quando o DB é comparado aos demais métodos extrajudiciais de resolução de conflitos, mas peca ao não ressaltar a principal característica que o diferencia de todos os demais métodos comparados: a capacidade de *prevenir conflitos*.

[5] GARCÍA, Roberto Hernández. Why Dispute Boards Are An Excellent Dispute-Resolution Tool During The COVID-19 Crisis. **American Bar Association**, Chicago, 03 ago. 2021. Disponível em: <https://www.americanbar.org/groups/construction_industry/publications/under_construction/2020/summer2020/why-dispute-boards-are-an-excellent-dispute-resolution-tool/>. Acesso em: 15 mar. 2021. (tradução nossa)

Neste sentido, a *Dispute Resolution Board Foundation* (DRBF)[6] apresenta uma definição simples do que seria *Dispute Board*, segundo a qual ele consiste num comitê de profissionais experientes e imparciais, formado no início do projeto para acompanhar o andamento da construção, incentivar a prevenção de controvérsias, auxiliar na resolução de disputas e duração do projeto[7].

2.1. Características básicas

O conceito acima descrito aponta as características essenciais do instituto: *1 – contratualidade*, na medida em que só pode ser aplicado por expressa vontade dos contratantes, declarada no início do contrato ou após o surgimento da divergência; *2 – imparcialidade, independência* e elevada *capacidade técnica* dos membros, sem as quais as decisões ou recomendações do comitê dificilmente seriam respeitadas pelas partes; *3 – perenidade*, pois ainda que seja plenamente possível a formação de um comitê *ad hoc*, é através do acompanhamento integral da execução contratual, desde o seu início, que o instituto apresenta resultados mais rápidos e efetivos; e *4* – escopo voltado essencialmente à *prevenção de litígios* e manutenção da *execução contratual*.

Em relação a esta última característica, é importante destacar que o DB pode emitir recomendações ou decisões em relação a conflitos (disputas) pré-existentes à formação do comitê (comitê *ad hoc*). Isto, inclusive, tem ocasionado, não raras vezes, uma confusão com o instituto da arbitragem[8]. Todavia, o verdadeiro campo de atuação do DB, em que são colhidos os melhores frutos, não está apenas na resolução de disputadas,

[6] A DRBF é uma organização sem fins lucrativos dedicada a promover a prevenção e resolução de disputas em todo o mundo usando o método do *Dispute Board*. Ela conta com mais de 997 membros em 84 países. Disponível em: <https://www.drb.org/>. Acesso em: 15 nov. 2020.

[7] DRBF. Disponível em: <https://www.drb.org/wp-content/uploads/2016/02/Section_1_QuickPrint_11-07.pdf>. Acesso em: 07 nov. 2020. (tradução nossa)

[8] Tal qual a arbitragem, o *Dispute Board* é uma forma de heterocomposição, eis que terceiro(s) imparcial(is) resolve(m) o litígio entre as partes. Da mesma forma, ambos institutos demandam imparcialidade, independência, alta capacidade técnica dos profissionais, e previsão contratual expressa. Todavia, as decisões dos comitês, diferente do que ocorre na arbitragem, são sempre passíveis de revisão, pela própria arbitragem ou pelo Poder Judiciário. Além disso, o instrumento é, por excelência, preventivo. Os Comitês de Resolução de Disputas acompanham a execução contratual, via de regra, desde seu início. Isto caracteriza sua maior diferença da arbitragem, em que os árbitros só tomam ciência do caso depois que o conflito já está instalado. Ou seja, embora a capacidade de resolução de litígios, já instalados, da arbitragem seja elevada, este instrumento não dispõe de quase nenhuma capacidade de prevenir que os

mas na *prevenção* de que as divergências se tornem disputas, e as disputas se tornem conflitos.

Não se trata de mera retórica sem relevância prática. Ao revés, é justamente esta característica que o distingue de todos os demais MESCs e que configura a provável razão dos resultados que vêm sendo observados ao longo do tempo de sua utilização (vide *tópico 2.6*). Afinal, mesmo num ambiente empresarial – em que a racionalidade costuma imperar de forma bem mais ampla do que nas relações pessoais –, não é difícil observar conflitos que se intensificam de tal forma, que as partes chegam a preferir assumir um grande prejuízo do que ceder em uma posição em favor do outro contratante, que, nesta altura, já é visto como inimigo.

Os demais métodos extrajudiciais de resolução de conflitos, cada qual à sua maneira, buscam distensionar esta relação e criar soluções, impostas, sugeridas ou facilitadas, para que o conflito possa se dissipar. Ocorre que, ainda que se obtenha êxito nesta tarefa, o estrago, muitas vezes, já estará feito. Numa relação longa, em que as partes ainda terão muitas questões controversas a resolver, a confiança poderá já ter sido perdida. A boa-fé subjetiva, tão indispensável para viabilizar soluções de problemas não previstos, provavelmente já não existirá. Além disso, a parte que se julgou prejudicada com a solução imposta – e, às vezes, as duas partes tem o mesmo sentimento – buscará na primeira oportunidade em que surgir novo conflito compensar o prejuízo que entende ter absorvido indevidamente. Enfim, um conflito específico pode ter sido resolvido, mas o espírito colaborativo, provavelmente, terá desaparecido.

Diante deste cenário, o segredo para garantir o sucesso nas relações contratuais de longo prazo seria impedir que o conflito venha a existir, o que aparenta ser uma solução óbvia, mas completamente utópica. Todavia, não é. A divergência, esta sim, sempre vai existir. Mas a disputa e, principalmente, o conflito, dela decorrentes, podem ser evitados.

É exatamente aí que os comitês de resolução de disputas oferecem algo que nenhum outro MESC é capaz de entregar. Eles não se limitam a dar soluções para conflitos já instalados, mas já começam a atuar na prevenção conflitos quando ainda nem existe qualquer reinvindicação formal delimitada, quiçá uma disputa (vide limitações no *tópico 5.3*). Para isso, podem

litígios venham a ocorrer. O rito do *Dispute Board* faz uso de instrumentos de mediação e de negociação, enquanto que na arbitragem vigora a lógica adversarial, como regra.

convidar as partes a tratarem de um tema em que se vislumbrou a possibilidade de geração de controvérsias. Também podem prestar assistência informal às partes – sempre em conjunto – e se valer das técnicas de autocomposição para resolver as disputas em seu nascedouro, antes que estas evoluam para um conflito que ocasione a paralisação contratual, com as consequências nefastas daí decorrentes.

2.2. *Dispute board* e *rough justice* ("justiça grosseira" ou "justiça possível")

Como visto, a atuação proativa na prevenção de conflitos é o fator essencial e distintivo da atuação do DB. Mas o escopo de suas atribuições não se limita apenas a isto. Quando essa atuação preventiva não se revela suficiente para aplacar disputas entre os contratantes, o DB dispõe de outra ferramenta de extrema importância para o bom andamento do projeto, que é a possibilidade de proferir decisões bastante céleres, que criam imediatamente obrigações às partes.

Nem todos os tipos de DB dispõem desta prerrogativa, mas apenas aqueles em que é prevista função adjudicatória para as deliberações do comitê. Trata-se, todavia, de uma ferramenta que possibilita ao DB atuar com a efetividade plena com que foi desenhado. Através dela, fecha-se o ciclo: o comitê atua, inicialmente, buscando a prevenção de conflitos. Se, ainda assim, surgirem disputas, auxiliará as partes a alcançarem a autocomposição. Se nem isso tiver êxito, poderá impor soluções para a resolução das disputas formalizadas, de observância imediata, ainda que passíveis de futura revisão. O foco está sempre na execução do contrato e, consequentemente, na celeridade da resolução da disputa, seja pela autocomposição, seja pela heterocomposição.

Para que se tenha uma ideia concreta do que se entende por decisão célere no âmbito dos DBs, basta observar que, conforme artigo 22 do Regulamento de *Dispute Board* da *International Chamber of Commerce* (ICC)[9], todo o procedimento para emissão de uma deliberação pelo comitê deve ser concluído no prazo máximo de 90 dias da data de apresentação do caso.

[9] As regras atuais da ICC sobre Dispute Board estão em vigor desde 01 de outubro de 2015, e seus apêndices desde de 01º de outubro de 2018. Elas se encontram disponíveis no website da ICC em português. Disponível em: <https://cms.iccwbo.org/content/uploads/sites/3/2016/11/2015-Dispute-Board-Rules-Portuguese-version-2.pdf>. Acesso em: 20 out. 2021.

Se adotadas as regras padronizadas pela *International Federation of Consulting Engineers* (FIDIC), este prazo é ainda menor, limitado a 84 dias[10].

Como se percebe, se o comitê não conseguiu evitar uma disputa, deve se esmerar para, sem abrir mão da plena observância ao devido processo legal/contratual, apresentar uma conclusão sobre a mesma num curto intervalo de tempo. Na expressão adotada por Leonardo Toledo da Silva e João Paulo Pessoa, os DBs têm uma relevante função de atuar como *válvula de descompressão* do projeto:

> Os *Disputes Boards* são uma ferramenta de estabilização da relação contratual, sobretudo em situações de grande complexidade, em que existe uma clara tendência a comportamentos adversariais, nos quais há grandes chances de o projeto acabar sendo deixado em segundo plano pelas próprias partes, em prejuízo de sua execução. Nessas hipóteses, os Dispute Boards acabam funcionando como uma espécie de *válvula de descompressão* do projeto, permitindo que as partes voltem seu foco ao que realmente importa, ou seja, ao andamento do projeto[11].

Como tal, devem apresentar respostas rápidas, que permitam que a pressão diminua antes que ocorra um ponto de ruptura entre as partes que venha a tornar muito custoso, ou mesmo impossível, o retorno à execução regular do contrato. Nesta função *adjudicadora*, o DB acaba por desempenhar o que a doutrina anglo-saxã costuma denominar como *rough justice*[12]. Esta "justiça grosseira" seria uma forma mais rústica e expedita de solução de controvérsias, em que as partes abrem mão de todo aparato processual e cartorário em prol da celeridade na resolução do conflito.

[10] Chern, Cyril. **CHERN ON DISPUTE BOARDS: Practice and Procedure**. 3ª ed. Nova Iorque: Informa Law from Routledge, 2015, p. 107.

[11] Silva, Leonardo Toledo; Pessoa, João Paulo. In: Figueiredo, Augusto Barros de; Salla, Ricardo Medina (coord.). **Manual de Dispute Boards**. São Paulo: Quartier Latin. 2021, p.425.

[12] Na esfera penal muitas vezes o termo é associado, de forma pejorativa, a uma justiça falha, em que houve violação de direitos fundamentais. Nesta obra, a acepção adotada é aquela vinculada ao Direito da Construção, principalmente na Inglaterra, em que a adjudicação está prevista formalmente em lei (*Housing Grants, Construction and Regeneration Act*) como forma de solução de controvérsias. Para aprofundamento, vide: Mesquita, Marcelo A. Botelho de. **Adjudicação de Conflitos na Construção**. Disponível em: <https://www.botelhomesquita.adv.br/arquivos/adjudicacao_rev_12_11_marcada.pdf>. Acesso: 21 out. 2021.

No Brasil, recente sentença prolatada em processos indenizatórios relativos ao grave desastre ambiental envolvendo a mineradora Samarco, na cidade de Mariana/MG, fez uso do conceito – traduzindo a expressão como "justiça possível" – para justificar a flexibilização dos meios de prova e o arbitramento de valores padronizados de indenização. Como consta na Sentença[13]:

> A ideia do "**rough justice**" é se valer de um **processo simplificado** para lidar, de forma pragmática, com questões indenizatórias de massa, em que se revela praticamente impossível exigir que cada uma das vítimas apresente em juízo a comprovação material (e individual) dos seus danos. [...]
>
> Assim sendo, esclareço aos interessados que este juízo, sempre que entender necessário, utilizará no decorrer dessa decisão a noção do "**rough justice**" emprestada do direito norte-americano, com vistas a implementar no Desastre de Mariana ("Caso Samarco"), de forma **célere, pragmática e simplificada**, a "**Justiça Possível**. (grifos do autor)

Embora a expressão "justiça grosseira" seja uma tradução mais precisa, o conceito de "justiça possível" exprime melhor a atuação adjudicatória do DB. Afinal, ainda que a decisão do comitê possa não ser perfeita, ela está longe de ser "grosseira". É uma decisão técnica, tomada por profissionais com larga experiência, que conhecem as vicissitudes do projeto desde a sua implantação. E justamente por atuarem desde o início da execução contratual é que os membros do comitê conseguem proferir decisões mais céleres e assertivas, não precisando perder tempo para se familiarizar com todas as singularidades e complexidades de cada projeto.

Cabe ser ressaltada outra característica importante, que se amolda à ideia de "justiça possível". O DB não existe para resguardar as pretensões individuais das partes, mas a boa execução do projeto. O DB nasce do contrato, e tem sua razão de existir voltada para a boa execução deste. Logo, como o prolongamento demasiado de um conflito costuma ser extremamente danoso à execução do projeto, o DB buscará resolver o conflito rapidamente, entregando às partes a melhor decisão *possível* neste desiderato. Vale reforçar, não se está em busca de alcançar a conclusão *perfeita*. Busca-se

[13] Cópia da sentença encontra-se disponível em: <https://www.jfes.jus.br/wp-content/uploads/2020/10/Sentenca-Linhares-estabelecendo-a-matriz-de-danos-com-base-no-rough-justice.pdf>. Acesso 21 out. 2021.

entregar a melhor conclusão *possível*, diante da premente necessidade de continuidade do projeto.

É por isso que, qualquer que seja a modalidade de DB, sempre será possível rediscutir suas decisões na via judicial ou arbitral. As deliberações do DB somente se tornam definitivas se as partes assim permitirem, através de aceitação expressa ou tácita, que ocorre quando deixam de manifestar seu inconformismo na forma e tempo pactuados. Ou seja, a "justiça possível" fornecida pelos DBs, não impede que as partes busquem a "justiça perfeita" através de outras vias.

Mesmo nestes casos, todavia, o conflito deixa de impactar o andamento do projeto, e a discussão futura provavelmente se limitará a uma questão indenizatória, sem provocar os danos colaterais diversos decorrentes da paralização do projeto. Além disso, evita-se que terceiros acabem sendo tragados para o conflito, dado que são diversas as relações contratuais e sociais subjacentes (subcontratados, empregados, cidadãos usuários do serviço público, etc.) que acabam sendo invariavelmente afetadas pela paralisação do projeto.

É neste sentido que Leonardo Toledo da Silva e João Paulo Pessoa defendem que a estipulação de um DB com função adjudicatória traz conforto tanto para contratante quanto para contratado:

> Pela perspectiva do contratante, dono do projeto, é importante que haja um órgão decisório que garanta a continuidade das obras. Por esta razão, em contratos de construção que possuem DABs é usual que o construtor se sinta confortável em incluir condição contratual segundo a qual ele fica obrigado a não paralisar as obras, em razão de impasses resolvidos pelo DAB.
>
> Pela perspectiva do construtor, este conforto existe justamente porque ele sabe que, havendo variações nas obras que impliquem em eventuais pagamentos devidos pelo contratante, terá uma decisão ágil de pagamento, impedindo um efeito desastroso sobre o fluxo de caixa das obras.[14]

2.3. Nomenclatura adequada

Diversas nomenclaturas já foram atribuídas ao corpo de especialistas imparciais que busca auxiliar a conclusão do contrato, prevenindo e resolvendo disputas. "*Dispute Boards*", "Junta de Conflitos", "Conselho de Conflitos", "Comitês de Resolução de Disputas" e "Comitê de Litígios" são

[14] Silva, Leonardo Toledo; Pessoa, João Paulo. Op. cit., p.426.

algumas delas. Ellen Gracie sugere que a denominação mais adequada seria "Comitês de Solução", dado que a função destes grupos de trabalho não se resume à resolução de conflitos, mas a encontrar soluções que permitam a continuidade da execução contratual.[15]

Dentro desta mesma ideia, de que encontrar *soluções* reflete mais a atuação do comitê do que apenas resolver conflitos, o Senado Federal aprovou recentemente o PLS 206/2018, que regula o mecanismo com especificidade e traz a nomenclatura de *"Comitês de Prevenção e Solução de Disputas"* [16].

De fato, tendo em conta que a capacidade de prevenção de disputas é a característica mais marcante do DB, sendo esta característica, inclusive, que mais o diferencia de todos os demais MESCs, entendo que o termo deveria constar expressamente na sua nomenclatura, assim como sugerido pela Secretaria Especial do Programa de Parcerias de Investimentos da Casa Civil na Nota Técnica nº 4/2019/STR/SPPI[17], que faz referência ao *"Comitê de Prevenção e Resolução de Divergências"*.

Esta foi a nomenclatura adotada nas primeiras versões desta obra. Todavia, após reflexão, optou-se por manter a expressão "disputas", no lugar de "divergências", seja porque já é a expressão adotada na legislação nacional e internacional; ou seja, principalmente, pelo fato de que as divergências são naturais da convivência humana e o instituto não tem – nem poderia ter – a pretensão de evitá-las. O que se busca é fazer com que as relações contratuais continuem hígidas apesar das divergências, prevenindo que estas evoluam para disputas e/ou conflitos.

Também no cenário internacional observa-se um movimento de alteração da nomenclatura do instituto, buscando ressaltar o aspecto da prevenção de disputas. Destaque-se, neste sentido, que desde 2017 a *International Federation of Consulting Engineers* (FIDIC) passou a adotar a expressão

[15] NORTHFLEET, Ellen Gracie. *In:* FIGUEIREDO, Augusto Barros de; SALLA, Ricardo Medina (coord.). **Manual de Dispute Boards.** São Paulo: Quartier Latin. 2021, p.25.

[16] BRASIL. Senado Federal. Plenário, **Projeto de Lei do Senado nº 206, de 25 de abril de 2018.** Regulamenta a instalação de Comitês de Prevenção e Solução de Disputas em contratos administrativos continuados celebrados pela União. Brasília: Senado Federal, 2018. Disponível em: <https://legis.senado.leg.br/sdleg-getter/documento?dm=8986588&ts=1627432026644&disposition=inline>. Acesso em: 16 ago. 2021

[17] BRASIL. Casa Civil. Secretaria Especial do Programa de Parcerias de Investimentos. **Nota Técnica nº 4/2019/STR/SPPI.** Brasília: Casa Civil, 28 out. 2019. Disponível em: <https://www.ppi.gov.br/html/objects/_downloadblob.php?cod_blob=6794>. Acesso em: 07 nov. 2020.

"*Dispute Avoidance/Adjudication Board*" (DAAB) para referir-se ao CRD em seus modelos de contrato[18].

Em que pese esta constatação, a Lei nº 14.133/2021, que instituiu a nova "Lei de Licitações e Contratos Administrativos", trouxe expressamente a nomenclatura do "comitê de resolução de disputas" [19], que, como visto, já nasce desatualizada.

De qualquer forma, independente da nomenclatura que se venha a adotar, o importante é deixar claro que o foco principal de atuação destes comitês é a *prevenção* e resolução de disputas, ou seja, o painel de especialistas começa a operar antes mesmo que as questões contratuais venham a levantar posições contrapostas litigiosas.

2.4. Origem histórica

Segundo Cyrill Chern, o primeiro uso relatado do instituto ocorreu nos Estados Unidos, na década de 1960, na construção da represa de Boundary, em Washington, em que fora solicitado pelos contratantes a formação de uma "junta técnica consultiva" (*Joint Consulting Board*) objetivando tomar decisões sobre conflitos contratuais que viessem a surgir. Após a divulgação exitosa desta primeira experiência, um comitê de revisão de disputas foi formalmente estabelecido, em 1975, para a construção do túnel Eisenhower, em Colorado[20]. Sobre esse caso, a DRBF relata que:

> Em comparação com os processos anteriores de resolução de disputas, o processo de DB foi um sucesso esmagador. O Conselho tratou de três disputas significativas, mas a relação proprietário-empreiteiro permaneceu cordial durante a construção e todas as partes ficaram satisfeitas com o prazo final e os custos do projeto.[21]

"O Eisenhower" se tornou um exemplo de sucesso que foi seguido com entusiasmo nos Estados Unidos[22]. Em 1980, o *Dispute Board* foi utilizado no projeto financiado pelo Banco Mundial para construção da barragem e

[18] Russo, Ann; Esaton Graham e outros. ***Dispute Board Manual: A Guide to Best Practices* and Procedures**. North Carolina: SPARK Publications, 2019, p.51.

[19] A referência expressa é feita em três dispositivos da Lei nº 14.133/2021: art. 138, II; art. 151 e art. 154.

[20] Chern, Cyril. Op. cit., p. 11.

[21] DRBF. *Op cit*, p. 10.

[22] Chern, Cyril. Loc. cit.

hidrelétrica *El Cahon*, em Honduras[23]. A partir de então passou a ser adotado de forma sistemática em diversos contratos de construção de grandes projetos em todo o mundo.[24]

Em 1997 o Banco Asiático de Desenvolvimento e o Banco Europeu de Reconstrução e Desenvolvimento incluiram o procedimento de DB nos projetos internacionais por eles financiados.[25] Em 2004 a ICC criou suas regras de DB, que foram atualizadas em 2015 para incorporar, entre outras coisas, o conceito de prevenção de disputas.[26]

Em 2005, como parte das "Metas do Milênio das Nações Unidas", o Banco Munidial e diversos outros Bancos e Agências Multilaterais de Desenvolvimento[27] fizeram uma parceria com a FIDIC para harmonizar e alinhar suas normas de contratação. Disto originou a edição do "*FIDIC MDB Harmonised Conditions of Contract*", popularmente conhecido como

[23] *"Nesse projeto, todos os conflitos surgidos ao longo da construção são equacionados amigavelmente, de sorte que, ao término do projeto, nenhuma pendência ou reivindicação ("claim" em idioma inglês) ficou sem solução, o que foi decisivo para que o Banco Mundial incluísse os DBs em projetos por ele financiados"* (SOUSA, Antonio Luis Pereira de. Dispute Boards. **Revista Brasileira de Alternative Dispute Resolution – RBADR.** Belo Horizonte, ano 02, n. 03, jan./jun. 2020, p. 106-107).

[24] Francisco Maia Neto complementa o histórico de utilização dos DBs apontando que o mecanismo fora adotado na construção do túnel de 16 quilômetros do Rio Santo Antônio e do túnel de 6 quilômetros do Riacho São Pedro, ambos no Texas/EUA, entre 1987 e 1991, ocasião em que o board solucionou treze disputas entre as partes, a um custo de apenas 0,19% do custo total da obra. Também destaca a adoção desse método na implementação de um dos maiores projetos de engenharia civil do mundo, o Aeroporto de Hong Kong. Aponta, ainda, que na China o DB foi adotado, pela primeira vez, durante a construção da hidrelétrica do Rio Yalong, na província de Sichuan, entre 1991 e 2000, a um custo de aproximadamente 2 bilhões de dólares. Todas as quarenta disputas que surgiram no decorrer desse projeto foram resolvidas pelo board, sem necessidade de sua submissão à arbitragem. (MAIA NETO, Francisco. Formas extrajudiciais de solução de disputas. In: TRINDADE, Bernardo Ramos. Comitê de resolução de disputas nos contratos de construção e infraestrutura. São Paulo: Pini, 2016. p.26-29)

[25] RUSSO, Ann; ESATON Graham e outros. Op. cit., p. 16.

[26] ICC. *Loc cit.*

[27] Os bancos participantes atualmente são: Banco Mundial; Banco Africano de Desenvolvimento (AfDB); Banco Asiático de Desenvolvimento (AsDB); Banco de Comércio e Desenvolvimento do Mar Negro (BSDB); Banco de Desenvolvimento do Caribe (CDB); Banco de Desenvolvimento do Conselho da Europa (CEB); Banco Europeu de Reconstrução e Desenvolvimento (BERD); Banco Interamericano de Desenvolvimento (BID). As agências participantes atualmente são: AusAID – Austrália; AFB – França; JICA – Japão; EXIM – Coréia. Disponível em: < https://fidic.org/MDB_Harmonised_Construction_Contract>. Acesso: 18 dez. 2021.

"*Pink Book*"[28], que incluiu o DB como processo de prevenção e resolução de disputas.

Como se vê, embora se trate de um mecanismo absolutamente consensual, por imposição dos grandes agentes financiadores sua adoçao vem se tornando cogente para as empresas, governos e entidades que busquem financiabilidade para os seus projetos.

Arnold Wald cita como exemplo de sucesso da utilização dos CRD a construção do Eurotunel, no Canal da Mancha, que, por razões óbvias, enfrentou diversas dificuldades técnicas e financeiras, além de exigências governamentais relacionadas à segurança, não previstas inicialmente.[29] Sobre este projeto, Isabela Lacreta aponta que houve a tentativa de levar as disputas para as cortes judiciais, o que fora rechaçado pela Câmara dos Lordes inglesa, uma vez identificada a existência de cláusula no contrato prevendo a aplicação do *Dispute Board*.[30]

Trata-se de um caso bastante emblemático, que demonstra a eficácia do método para prevenir/resolver disputas e garantir o cumprimento dos prazos, mesmo em se tratando de projetos extremamente complexos, com alto grau de incertezas.

2.5. Espécies de CRD

Vários modelos de estruturação e atuação do comitê já foram adotados em todo o mundo. Esses modelos se diferenciam, principalmente: 1 – pelo papel desempenhado pelo comitê dentro de um projeto (evitar disputas, resolvê-las, ou ambos); 2 – pelo número de membros do comitê (um, três ou mais); 3 – pela duração do comitê (permanente ou *ad hoc*); e 4 – pela natureza das regras ou procedimentos sob os quais o comitê opera.

Inexiste um regramento fechado, sendo as partes livres para adotar algum modelo já padronizado por entidades internacionais (FIDIC, ICC, Banco Mundial, etc.), regulamento de câmaras arbitrais ou convencionar de acordo com sua vontade.

[28] FIDIC. **Conditions of Contract for Construction MDB Harmonised Edition**. Disponível em: <https://fidic.org/node/529>. Acesso: 18 dez. 2021.

[29] WALD, Arnold. Dispute Resolution Boards: Evolução Recente. **Revista de Arbitragem e Mediação**. São Paulo, vol. 30, julho 2011, p.140.

[30] LACRETA, Isabela (org). **Arbitragem Nacional e Internacional,** 1ª ed., Rio de Janeiro: Elsevier, 2012, p 214.

Vale reforçar, todavia, que as decisões emanadas dos comitês, independente de qual seja a sua espécie, e diferente do que ocorre na arbitragem, *são sempre passíveis de revisão, pela própria arbitragem ou pelo Poder Judiciário.* O que se pode convencionar, é que tais decisões sejam vinculantes até que sejam substituídas por uma decisão arbitral/judicial, ou mesmo que sejam seguidos procedimentos específicos pelas partes antes de recorrer à jurisdição (estatal ou arbitral), sob pena de preclusão.

2.5.1. Quanto ao número de membros

A forma mais comum de composição dos comitês é o modelo formado por três membros. Estes podem ser selecionados por diversos métodos, sendo o mais usual que cada parte indique um membro e os dois em conjunto indiquem o terceiro, que será o presidente. Todavia, cada um dos membros deve ter sua indicação aprovada por ambas as partes. As vantagens desta formação, em relação ao modelo de um único membro, são muitas, destacando-se: 1 – *experiência somada* de cada membro; 2 – decisões/recomendações com *maior credibilidade e peso,* eis que oriundas de um maior número de especialistas (principalmente quando forem unânimes); 3 – *maior flexibilidade e velocidade de resposta,* eis que o comitê pode dividir algumas tarefas entre seus membros e pode funcionar mesmo na ausência eventual de algum deles, se o contrato permitir.

A depender do tamanho do projeto este número pode ser até maior, agregando-se ao comitê profissionais com especialidades plúrimas. Um exemplo disso foi a construção do aeroporto de Hong Kong, avaliado em quinze bilhões de dólares, que durante a sua construção valeu-se de um comitê formado por seis membros[31]. Todavia, na prática, os seis membros não atuavam em conjunto, sendo formados comitês menores, de um ou três membros, selecionados de acordo com as especialidades envolvidas em cada tipo de controvérsia que surgia[32]. O ideal, todavia, como qualquer órgão decisório colegiado, é que o painel seja composto por um número ímpar de membros, a fim de evitar eventuais impasses. É certo, porém, que o maior número de membros irá encarecer os custos do comitê. A própria DRBF não indica que sejam formados comitês de três membros em projetos com custo de construção inferior a dez milhões de dólares americanos[33].

[31] LACRETA, Isabela. Op. cit., p. 217.

[32] FIGUEIREDO, Augusto Barros de; SALLA, Ricardo Medina. Op. cit., p.72.

[33] DRBF. Disponível em: <https://www.drb.org/concept/faq/>. Acesso em: 15 nov. 2020.

Uma alternativa para uso em projetos menores seria a constituição de um comitê com apenas um membro. Embora o uso deste modelo esteja aumentando em muitos países[34], mormente pela economia proporcionada, alguns pontos de atenção merecem destaque. Neste modelo, a imparcialidade e nível técnico do membro escolhido devem ser ainda mais notórios, sob pena de suas recomendações/deliberações gozarem de baixa credibilidade e aceitação. Ademais, deve estar prevista uma regra clara de substituição deste membro, nos casos de ausência temporária ou definitiva, para que não haja a paralisação do projeto por conta de um impedimento qualquer do *expert* escolhido. Outra dificuldade é encontrar um único membro que goze da confiança de ambas as partes.

Uma derivação deste último modelo, desenvolvida em Hong Kong há mais de duas décadas, é denominada de *Dispute Resolution Advisor* (Consultor de Resolução de Disputas em tradução livre)[35]. Este consultor atua de modo semelhante ao membro de um comitê permanente, estabelecido desde o início do projeto. No entanto, ele não emite deliberações ou recomendações sobre o mérito de uma disputa. Seu papel é atuar como um consultor independente e experiente, identificando áreas potenciais de disputa e garantindo que as questões que surjam sejam tratadas pelas partes, de modo adequado, o mais breve possível. Outra de suas funções seria a de auxiliar as partes na resolução de qualquer disputa, seja atuando como um facilitador para alcançar uma solução amigável, seja na estruturação de um mecanismo formal de resolução de disputas adequado ao caso.

2.5.2. Quanto ao momento de instalação

Na modelagem mais usual, os comitês são constituídos desde o início do projeto, instalando-se antes do início da execução das obras, e atuando mesmo após a conclusão destas, dentro do que se passou a designar de "*standing DB*" ou "*full-term DB*"[36]. Neste formato, após a realização da reunião de instalação, os membros já iniciam a familiarização com o projeto e com as partes, passando a analisar detidamente o contrato, o projeto, seu cronograma, especificações jurídicas e técnicas, etc. Também recebem os

[34] RUSSO, Ann; ESATON Graham e outros. Op. cit., p. 42.

[35] Ibidem.

[36] SOUSA, A. L. P. de. Dispute boards. **Instituto de Engenharia**. São Paulo, 01 out. 2014, p. 23. Disponível em: <https://www.institutodeengenharia.org.br/site/wp-content/uploads/2020/01/TKConsulting.ALPS. ADRs-DBs.pdf>. Acesso em: 06 jul. 2020.

contatos das partes e demais profissionais envolvidos, de modo a ter acesso a uma comunicação mais assertiva entre eles.

Em seguida, os membros do comitê passam a ser continuamente abastecidos pelas partes com informações relevantes sobre a execução do contrato e o progresso da obra, recebendo cópias de relatórios gerenciais, atas de reunião, e-mails, dentre outros documentos e fatos de relevo. Também é usual que os membros façam visitas rotineiras ao canteiro de obras, para constatar com seus próprios olhos o andamento do projeto.

Tudo isso ocorre em *tempo real*, concomitantemente ao desenvolvimento da construção, e antes de surgir qualquer conflito que possa fazer com que as partes adotem uma postura adversarial. Inclusive, sempre que o comitê perceber qualquer problema potencial, deve agir até mesmo "de ofício", encorajando as partes a discutirem o problema e auxiliando-as a encontrar uma solução amigável. Para tanto, podem se valer de orientações informais (*informal assistance*) ou de uma audiência.

Nos casos mais complexos, em que as partes não estejam conseguindo alcançar uma solução consensual, elas podem, prontamente, solicitar uma audiência com o comitê, que, após seguir o rito convencionado, irá emitir, a depender do tipo de CRD pactuado, uma deliberação – que deverá ser imediatamente seguida, ainda que as partes busquem posteriormente a sua reforma na instância arbitral ou judicial – ou uma recomendação – que poderá ser rejeitada pelas partes.

Uma alternativa à modelagem acima descrita seriam os comitês que só são constituídos após a instalação de alguma disputa formal entre as partes, os denominados comitês *ad hoc*. Neste modelo o trabalho dos membros do comitê se assemelha ao de árbitros, que recebem um conflito já instalado, analisam os argumentos e as provas apresentadas por cada uma das partes e emitem uma opinião técnica sobre o mérito da disputa. Esta opinião, da mesma forma que no *full-term DB*, irá ter força de decisão vinculativa ou de mera recomendação, a depender do que for pactuado na instalação do comitê *ad hoc*.

Os custos de um comitê *ad hoc* são consideravelmente menores do que de um comitê *full-term*, em que os membros têm uma gama muito maior de atribuições e trabalham por um período muito maior. Ainda assim, o comitê *ad hoc* impossibilita que se obtenha o melhor que o CRD pode oferecer, que é a capacidade de atuar com celeridade, em tempo real, prevenindo disputas e evitando litígios.

Com a adoção do comitê *ad hoc,* o CRD deixa de ser um instrumento de governança contratual, e se limita a um método de resolução de conflitos. Perde-se celeridade, pois os membros que serão constituídos terão que estudar todo o contrato, todo o projeto, todo o andamento de sua execução, até que possam estar aptos a apreciar o caso específico posto em análise. Além da celeridade, perde-se também qualidade na futura deliberação que será tomada pela junta, o que merece uma melhor explicação.

No dito popular, *"toda história tem três lados: o seu, o meu e o verdadeiro"*. Um juiz, árbitro, ou membro de um CRD *ad hoc,* tem à sua disposição apenas os "dois lados da história" trazidos por cada uma das partes, e já bem filtrados por seus advogados. Como eles apreciam fatos de um passado que não acompanharam, ficam presos às narrativas das partes, e têm que escolher, dentre elas, a que mais aparenta corresponder à verdade. Já com o CRD permanente a realidade é diferente. Os membros do CRD conhecem os detalhes de uma controvérsia muito antes dela ter se tornado uma disputa formal. São alimentados, rotineiramente, com informações das partes sem filtro, na medida em que estas ainda não assumiram posições defensivas. E como se deslocam ao canteiro de obras, conseguem também ter conhecimento direto dos fatos. Em resumo, os membros do CRD permanente têm acesso a "outros lados da história" que seriam inimagináveis para qualquer julgador constituído a posteriori. Por isso conseguem fazer um julgamento mais célere e com mais qualidade.

Há quem defenda que o comitê *ad hoc,* além da redução de custos, possui outra vantagem. Como o conflito já está instalado, podem as partes buscar técnicos que possuam especialidade filtrada no problema específico que se deseja resolver. Ou seja, pode-se constituir uma junta com formação técnica ideal para cada tipo de disputa que surja. De fato, constituindo-se a junta no início do projeto, quando ainda inexiste qualquer divergência, faz mais sentido buscar profissionais com experiência gerencial ampla, do que alguém extremamente especializado em apenas algum ponto específico do projeto.

Ainda assim, as desvantagens do comitê *ad hoc,* acima apontadas, não são suplantadas. Se a resolução de alguma divergência demandar um nível de conhecimento técnico tão específico que falte aos membros do comitê, estes poderão, em conjunto com as partes, buscar pareceres de profissionais especializados. Em último caso, poder-se-ia pensar em constituir um comitê *ad hoc* extraordinário para uma situação muito pontual. Isto, por si só, não justifica que se abra mão de um instrumento de governança contratual tão eficaz, para restringir-se a um instrumento de resolução de disputas, menos célere, menos eficaz e, principalmente, sem quase nenhum efeito em relação à prevenção.

2.5.3. Quanto ao caráter vinculante das decisões

No que se refere ao caráter vinculante das decisões do comitê, adotando-se a nomenclatura utilizada pela *International Chamber of Commerce* (ICC), os Comitês podem ser classificados em três principais espécies, de acordo com o grau de vinculação da decisão proferida, quais sejam: *Dispute Review Boards (DRB), Dispute Adjucation Boards (DAB) e Combined Dispute Boards (CDB).*

Para Gilberto José Vaz a diferença crucial entre tais modelos reside justamente na obrigatoriedade agregada às manifestações do DB, que podem ser: (i) vinculativas desde a emissão, (ii) vinculativas depois de escoado determinado prazo ou (iii) não vinculativas.[37]

Com base no art. 4º do Regulamento de *Dispute Board* da ICC[38], o *Dispute Review Board* (*DRB*) é a modalidade de *Dispute Board* na qual o comitê detém apenas a função consultiva, não gozando, a princípio, de força vinculante. Todavia, se após receber a recomendação nenhuma parte encaminhar à outra notificação expressando sua insatisfação para com esta, no prazo de trinta dias, a recomendação passará a ser vinculativa às partes (art. 4º, item 3).

Sobre o DRB Cyrill Chern entende que:

> Um *dispute review board* fornece sua recomendação em forma de uma opinião baseada nas informações que lhe foram fornecidas de uma disputa específica; a recomendação não é vinculativa se qualquer das partes manifestar insatisfação com ela. De acordo com o contrato, no entanto, se nenhuma parte expressa insatisfação com uma decisão dentro de um prazo determinado, entende-se que as partes contratualmente concordaram em cumprir a decisão. Caso uma parte manifeste insatisfação com a recomendação dentro de tal período de tempo, essa parte pode então submeter toda a disputa

[37] VAZ, Gilberto Jose. Breves Considerações sobre os Dispute Boards. **Revista de Arbitragem e Mediação**, coordenador Arnoldo Wald, São Paulo, Revista dos Tribunais, ano 3, nº10, 2006, p. 165.

[38] ICC. Loc. cit.

> à arbitragem, se as partes assim o concordarem, ou na falta de tal acordo, aos tribunais. O que acontece durante esse período intermediário é crítico. Enquanto aguardam a decisão arbitral ou judicial, as partes podem cumprir voluntariamente a decisão, mas não estão vinculadas a fazer isso.[39]

Do exame do art. 5º do Regulamento da ICC extrai-se que o *Dispute Adjudication Board* é a modalidade de DB que possui a prerrogativa de emitir decisões (art. 5º, item 1) dotadas de eficácia vinculante imediata (art. 5º, item 2), diferentemente do que ocorre com o DRB, cujas recomendações só possuem o *binding effect* após transcorrido *in albis* o prazo de impugnação.

Caso uma das partes não concorde com a decisão, deverá notificar o comitê e a outra parte no prazo de 30 dias, porém a decisão permanecerá vinculante, devendo ser cumprida por todos (art. 5º, item 3). Se o comitê não reconsiderar a decisão, a parte que manifestou expressamente sua discordância poderá encaminhar a disputa à arbitragem ou ao Poder Judiciário, conforme o caso. Todavia, se a parte deixar de expressar sua insatisfação no prazo previsto, considera-se que houve a preclusão, sendo vedada a discussão do mérito da decisão em outra seara. Existe alguma controvérsia se, no Brasil, tal previsão seria legal, por afrontar os princípios da legalidade e do acesso à justiça, o que será visto com detalhamento no *tópico 4.2.1.*

O terceiro tipo de CRD, que fora desenvolvido mais recentemente pela ICC, é o *Combined Dispute Board* que, como o próprio nome indica, é uma combinação das duas espécies anteriores. Por esta modelagem, o comitê emite normalmente apenas recomendações quanto a qualquer controvérsia a ele encaminhada. Todavia, se qualquer das partes solicitar que seja emitida uma deliberação, e a outra parte não se opuser, o comitê emitirá uma decisão vinculante (art. 6º, item 2). Em havendo objeção por uma das partes, o próprio comitê decidirá se, no caso concreto, deve emitir uma deliberação ou apenas uma recomendação. Para tanto, levará em conta, dentre outros aspectos (art. 6º, item 3): 1 – se, devido à urgência demonstrada, uma decisão vinculante facilitaria a execução do contrato ou evitaria perdas ou danos substanciais a qualquer parte; 2 – se uma decisão prevenirá a ruptura do contrato; e 3 – se uma decisão é necessária para preservar provas e evidências.

[39] CHERN, Cyril. Op. cit., p. 33. (tradução nossa)

Cyrill Chern elenca alguns argumentos que têm sido levantados para justificar ou refutar a escolha de comitês que emitam decisões vinculantes (DAB e CDB)[40]:

Argumentos favoráveis à escolha de Comitês que emitam decisões vinculantes	Argumentos contrários à escolha de Comitês que emitam decisões vinculantes
(i) Se necessário, as recomendações podem ser executadas por meio de processo judicial/arbitral.	(i) Muitas vezes as questões trazidas são de resolução mais difíceis, pois há mais questões em jogo.
(ii) A natureza vinculante das decisões gera um maior foco das partes durante o processo de disputa e pode levar a uma solução mais rapidamente.	(ii) Os custos de preparação e de realização da audiência, bem como o tempo gasto, são provavelmente mais elevados, pois geralmente mais documentação é trazida ao Comitê.
(iii) É improvável que a natureza vinculante da decisão seja ignorada, mesmo por uma parte relutante ou uma parte sem dinheiro (quebra de contrato).	(iii) Há mais chance de judicialização.
(iv) Em um empreendimento conjunto, pode ser difícil que as partes que o compõem cheguem a um consenso quanto à adoção ou não da recomendação emitida pelo comitê – o que não ocorre com uma decisão.	(iv) A decisão final é retirada das partes.
(v) Diferentes situações surgem ao redor do mundo em que há corrupção, e suspeitas surgem quando um funcionário público autoriza pagamentos que não sejam compulsórios. De fato, em algumas áreas o pagamento não pode ser feito sem que haja uma decisão real sobre os méritos da disputa.	(v) Alguns assuntos são muito complexos e os prazos impostos podem ser um problema quando tanto pode ser afetado pela decisão.

Todavia, o próprio autor traz, na sequência, um importante alerta de que:

> Em geral, não há resposta certa ou errada se a melhor escolha de um dispute board deve ser uma recomendação não vinculante ou uma decisão vinculante provisória. Muito vai depender das circunstâncias, jurisdição, as habilidades e identidade dos membros do Comitê e as necessidades das partes, bem como considerações culturais. No entanto, estudos da Dispute Board

[40] CHERN, Cyril. Op. cit., p. 8. (tradução nossa)

Federation mostraram que nos casos em que um dispute adjudication board está instalado e em que sua decisão é imediatamente final e vinculante, **há uma chance substancialmente aumentada de que o número das disputas reais que venham a surgir seja muito inferior e, em muitos casos, inexistente, com as partes preferindo solicitar o parecer informal do DAB e então agir de acordo com isso, em vez de buscar uma audiência completa sobre a disputa.**[41] (grifo nosso)

2.6. Efetividade do CRD demonstrada na experiência internacional

A DRBF possui um consistente banco de dados com mais de 2800 projetos de infraestrutura que adotaram o CRD[42]. Trata-se de grandes obras de infraestrutura – obras públicas em sua expressiva maioria – realizadas em diversos países de todo o mundo, cujo valor somado de investimentos ultrapassa a monta de U$275 bilhões de dólares. A compilação reúne informações como nomes do contratante e construtor, valor dos contratos, número de disputas solucionadas pelos comitês ou encaminhadas para outros meios de resolução. A análise destes dados aponta que entre 85% a 98% das recomendações/decisões emitidas pelas juntas não foram submetidas posteriormente à arbitragem ou à própria jurisdição estatal[43], o que comprova, em números, a eficiência do método para prevenir ou resolver litígios.

Outras fontes apontam na mesma direção. Deborah Mastin informa que a Universidade de Washington utilizou o CRD em, aproximadamente, 60 projetos de construções verticais ao longo dos últimos 20 anos. Durante todo este tempo, segundo a autora, foram instaladas perante as juntas apenas 2 audiências de disputas formais e 4 audiências de disputas informais, ao passo que não foi ajuizado nenhum processo judicial ou arbitragem.[44]

41 Ibidem. (tradução nossa)

42 O banco de dados encontra-se atualizado até abril de 2017. Disponível em: <https://www.disputeboard.org/wp-content/uploads/2018/02/Copy-of-DB_Project_Database_April_2017_for_web.xlsx>. Acesso em: 04 nov. 2021.

43 A afirmação fora compilada pela própria DRBF através da análise do seu banco de dados. Disponível em: <https://www.drb.org/concept/faq/>. Acesso em: 15 nov. 2020.

44 MASTIN, Deborah Bovarnick. Government Construction Headaches: Dispute Review Boards to the Rescue. **The Public Lower**. Volume 23, nº 2, 2015. American Bar Association. Disponível em: <https://www.americanbar.org/content/dam/aba/publications/public_lawyer/govt_construction_PLS15.pdf>. Acesso em: 04 nov. 2021.

Antonio Sousa cita estudo elaborado pelo engenheiro Ralph Ellis, professor da Universidade da Flórida, em 2003, que avaliou o uso de DBs pelo *Florida Department of Transportation* (FDOT), envolvendo mais de US$10 bilhões em projetos de construção, tendo concluído que o uso de DBs resultou em uma economia igual a 2,7% em valores, e de uma economia de tempo de 15,1%.[45]

Já Peter Chapman revela que em 2007 existiam aproximadamente 1.350 projetos concluídos, ou em fase de conclusão, na Europa que adotaram o DB. Destes, as decisões do comitê foram contestadas posteriormente em sede arbitral ou judicial em menos de 30 projetos, o que revela, na visão do autor, uma minoria insignificante. Conclui, ainda, que pouquíssimas destas contestações resultaram êxito na alteração do entendimento dado pelo comitê.[46]

Os resultados alcançados são expressivos, e demostram que o DB não é uma ferramenta que ainda esteja em fase de testes, mas um instrumento contratual já bastante experimentado e consolidado na experiência internacional.

2.6.1. FIDIC *Golden Principles*

Em 2019, a FIDIC demonstrou estar preocupada com o fato de que seus modelos de contratos vinham sendo adaptados demasiadamente pelas partes, a ponto de não mais refletirem os valores e princípios da FIDIC. Diante disto, editou o que denominou de *FIDIC Golden Principles*[47], definindo, através de cinco princípios gerais, as características essenciais de suas condições de contratação que não deveriam ser alteradas para que o contrato pudesse ser considerado como um contrato FIDIC genuíno.

Dentre estes princípios, o quinto aponta que, a menos que haja um conflito com a lei que rege o contrato, todas as disputas formais devem ser encaminhadas a um DAAB (ou DAB, se aplicável) para uma decisão provisoriamente vinculativa, como uma condição precedente à

[45] Sousa, Antonio Luis Pereira de. Op cit., p. 137-138.

[46] Chapman. Peter H. J. The Use of Dispute Boards on Major Infrastructure Projects. **The Turkish Commercial Law Review**, Vol. 1, Nº 3, October 2015, p. 222. Disponível em: <http://the-tclr.org/wp-content/uploads/2015/11/TCLR_3-web-051.pdf>. Acesso: 04 nov. 2021.

[47] FIDIC. **The FIDIC Golden Principles**, 1ª ed., Genebra, 2019. Disponível em: <https://fidic.org/books/fidic-golden-principles-2019>. Acesso em: 09 nov. 2021.

arbitragem.[48] Para justificar as razões deste princípio ter sido incluído, a FIDIC aponta que:

> O *Dispute Avoidance/Adjudication Board* (DAAB)/ *Dispute Adjudication Board* (DAB) (referido no Livro Rosa como *Dispute Board*) evoluiu como um mecanismo importante para fornecer às Partes um procedimento para resolver disputas (pelo menos provisoriamente) **a um custo muito menor e em muito menos tempo do que exigido para arbitragem**. [...]
>
> **FIDIC considera que a disponibilidade de um sistema independente e imparcial DAAB ou DAB para (provisoriamente) resolver disputas é fundamental para um Contrato justo e equilibrado**, se for permitido pelas leis aplicáveis. Um DAAB ou DAB pode resolver disputas em tempo real e, assim, permitir que as partes planejem suas atividades futuras com base nas razões de decisão de pessoas experientes, independentes e imparciais, que estão familiarizados com a execução de projetos e administração de contratos de construção.
>
> Além disso, um DAAB ou DAB permanente pode contribuir materialmente na prevenção de disputas, auxiliando as Partes a resolverem informalmente divergências antes de se tornarem disputas formais.[49] (grifo nosso)

Vale frisar: a FIDIC entende que nenhum contrato pode ser considerado justo e equilibrado se não possuir um DB com função adjudicatória para prevenir e resolver disputas. Isto demonstra que, embora o mecanismo ainda seja pouco conhecido no Brasil, nos projetos internacionais de construção civil já se encontra de tal forma consolidado que é considerado como um instrumento essencial ao próprio equilíbrio contratual. Ou seja, não se trata de um simples método de resolução de disputas, mas de um mecanismo de governança contratual que, dentre outras relevantes funções, também irá resolver disputas, quando não puder preveni-las.

Importante destacar que, para a FIDIC, não basta apenas a previsão contratual da existência de um DB. É preciso que o mesmo tenha função adjudicativa (DAAB/DAB). Logo, embora seja plenamente possível esta-

[48] Ibidem. GP5: Unless there is a conflict with the governing law of the Contract, all formal disputes must be referred to a Dispute Avoidance/Adjudication Board (or a Dispute Adjudication Board, if applicable) for a provisionally binding decision as a condition precedent to arbitration.

[49] Ibidem. Tradução nossa.

belecer que o DB apenas emitirá recomendações às partes, sem poder vinculante, acaso isso seja feito o contrato não poderá ser considerado como um contrato FIDIC genuíno, salvo se esta limitação for decorrente de uma exigência legal.

Ou seja, a FIDIC, ao longo de várias décadas de estudos e monitoramento dos mais variados modelos de contratação de obras de construção civil por todo o mundo, consolidou seu entendimento sobre a essencialidade do DB com função adjudicativa. Isto ratifica a eficácia e potencialidade do mecanismo demonstrada ao longo das décadas.

2.7. Razões que concorrem para o sucesso do mecanismo

A prática internacional demonstra que, embora seja sempre possível recorrer das deliberações/recomendações do CRD, isto acontece pouquíssimas vezes: seja porque as partes acabam se conformando com a posição dos técnicos ou porque acreditam que um processo judicial/arbitral teria baixo percentual de êxito, após a manifestação técnica desfavorável de uma junta de especialista que acompanha o projeto (na maioria das vezes) desde o início.

As razões deste sucesso podem ser explicadas por vários fatores somados. A imparcialidade e o alto grau de nível técnico dos membros do comitê, associados ao fato de que foram escolhidos livremente pelas partes, explica o porquê de as decisões/recomendações do comitê sofrerem uma menor resistência para serem acatadas. Mas não se trata apenas disso, até mesmo porque, no ponto, a arbitragem é equivalente.

O grande diferencial é que, além destas características, os membros do comitê, na maioria dos projetos, estão inseridos desde o início. Conhecem os detalhes do projeto desde antes da divergência surgir. E é aí que conseguem atuar com maior celeridade, obtendo diversos benefícios com isso. Quando o comitê toma conhecimento de uma divergência, ela ainda não se transformou num conflito. As partes ainda estão distensionadas, o que facilita demais o processo de encontro de uma solução consensual. Este é um grande diferencial da arbitragem, em que o processo se instala já dentro de um ambiente litigioso e adversarial.

Há que se destacar, também, que a grande maioria dos contratos que não adotam o CRD acabam estabelecendo um processo estrito e burocrático de resolução de disputas a ser seguido pelas partes. Ou seja, criam um modelo procedimental "engessado", que dificilmente consegue ser flexibilizado. Em contraste, a função de evitar disputas do comitê não está limitada a qualquer tipo de processo predeterminado. Isso permite que o comitê envolva as partes nas estratégias de prevenção de disputas mais adequadas para resolver um problema específico.

Ademais, como os membros do comitê são ouvidos quase que imediatamente após o surgimento do impasse, torna-se possível a adoção de soluções mais informadas, tendo em conta que os fatos são recentes, as testemunhas e demais provas "perecíveis" ainda estão disponíveis, e o impacto das decisões/recomendações pode ser calculado em *tempo real*.

Esta característica merece um melhor detalhamento. Sempre que se busca a valoração de uma conduta, ou de uma decisão, que estejam desconectados do tempo em que produziram, ou deveriam ter produzido, seus efeitos; por mais técnico e bem-intencionado que seja o órgão julgador, este se valerá, em algum ponto, de subjetivismo. É aí que os comitês oferecem algo que os demais métodos de resolução de conflitos não conseguem. Como atuam de forma célere, e com foco sempre na execução do contrato, conseguem trazer soluções que reflitam o *cenário atual* da contratação e tornem *viáveis* o cumprimento das obrigações.

Ou seja, as partes acabam optando, em algum momento, por aceitar a solução que, apesar de eventualmente não atender a todos os seus anseios, tem efeitos práticos previsíveis e calculáveis, diante da realidade contratual *atual*; ao revés de correr o risco de postergar a disputa para um tempo futuro, em que poderá até lograr-se vencedora e, ainda assim, obter resultados práticos prejudiciais. No dito popular, evita-se "trocar o certo pelo duvidoso", arriscando "ganhar e não levar".

3
O CRD NOS CONTRATOS DA ADMINISTRAÇÃO PÚBLICA NO BRASIL

3.1. O grave problema das obras públicas inacabadas no Brasil

Não é de hoje que o Brasil sofre com o grave tormento das obras públicas inacabadas. Em 1995 foi constituída uma comissão temporária no Senado Federal destinada a inventariar as obras não concluídas, custeadas pela União. O Relatório final da referida comissão apontou a existência de, no mínimo, 2.214 obras paradas, alertando, todavia, que o número poderia ser maior, diante do não recebimento de algumas informações solicitadas. [50]

Mais recentemente o Tribunal de Contas da União (TCU), através do Acórdão 17079/2019, divulgou o resultado de uma auditoria operacional que apontava a existência, no ano de 2019, de *mais de 14.000 obras paralisadas no país*[51]. Se considerarmos ainda as obras custeadas exclusivamente com recursos estaduais ou municipais, que não foram objeto da auditoria do TCU, este número, por certo, será expressivamente aumentado.

Chama atenção, também, o fato de que dentre os motivos de paralisação das obras apurados pelo TCU na referida auditoria, apenas 10% estariam relacionados a problemas orçamentários/financeiros, enquanto 47% estariam relacionados a problemas técnicos e 12% ao abandono pela

[50] BRASIL. Senado Federal. Comissão temporária das obras inacabadas. **Relatório final**. Brasília: Senado Federal, 1995. Disponível em: <http://legis.senado.leg.br/sdleg-getter/documento?dm=4281076&disposition=inline >. Acesso em: 15 nov. 2020.

[51] BRASIL. Tribunal de Contas da União. Plenário. **Auditoria operacional sobre obras paralisadas**. Acórdão nº 1.079/2019. Brasília: Tribunal de Contas da União, 15 mai. 2019. Disponível em: <https://portal.tcu.gov.br/lumis/portal/file/fileDownload.jsp?fileId=8A81881F6CCB7DF3016CDDFF34DD0583>. Acesso em: 15 nov. 2020.

empresa[52]. Conclui-se, assim, que diferente do que se poderia imaginar, a falta de recursos financeiros/orçamentários não é, nem de longe, a principal razão da paralisação das obras. Por outro lado, o resultado destes dois levantamentos, espaçados em mais de duas décadas, nos leva à conclusão de que a evolução legislativa e administrativa brasileira não foi suficiente para estancar o problema, que continuou a crescer com o passar dos anos.

Não é objeto desta obra aprofundar-se nas plúrimas razões que justificam o grave quadro descrito. O que se deseja demonstrar, todavia, é que diante do cenário esquadrinhado o Brasil não pode deixar de experimentar um instrumento de governança contratual que apresentou resultados tão expressivos em obras públicas de diversos países, justamente no ponto sensível destacado, o de impedir que as obras permaneçam paralisadas.

Afinal, uma vez paralisadas as obras por um largo intervalo de tempo, o próprio fator tempo, com todas as consequências a ele inerentes – deterioração de materiais, aumento do custo da mão de obra e materiais, invasões, deslocamento dos recursos para outras necessidades, etc. –, por si só, já pode impedir que a obra seja retomada. Ou seja, o conflito pode até ser resolvido pelos meios coercitivos da jurisdição, mas as condições materiais para término da obra dentro do mesmo contrato já poderão estar perdidas em definitivo.

3.2. Histórico da introdução do CRD nos contratos públicos nacionais

No Brasil, o primeiro contrato de obra pública que previu a adoção do comitê se deu em 2004, com a construção da Linha Amarela do Metrô da Cidade de São Paulo/SP, por exigência do Banco Mundial, através do Banco Internacional para Reconstrução e Desenvolvimento (BIRD), que financiou a obra[53].

Posteriormente foi estipulado na PPP para construção do Complexo Criminal Ribeirão das Neves, em Belo Horizonte/MG, e em diversos contratos firmados para a construção ou reforma de estádios para a Copa do

[52] A classificação total dos motivos de paralisação restou assim definida: 47% – técnico; 23% – Abandono pela empresa; 12% – Outros; 10% – Orçamentário/Financeiro; 3% – Órgãos de Controle; 3% – Judicial; 1% -Titularidade/Desapropriação; 1% – Ambiental.

[53] COELHO, Arlis de Oliveira. **Dispute Board – Meio Extrajudicial de Prevenção de Litígios e Preservação das Relações Negociais**. 2017. Tese (Bacharelado em Ciências Jurídicas e Sociais) – Faculdade de Direito da Universidade Federal do Rio Grande do Sul, Porto Alegre, 2017, p. 19.

Mundo de 2014. De 2010 em diante, os CRDs foram utilizados na PPP da Rodovia MG-050, na PPP da Arena Fonte Nova, em Salvador/BA, na PPP da Arena das Dunas, em Natal/RN, no Aeroporto de São Gonçalo do Amarante/RN, nos contratos para construção do trecho Norte do Rodoanel de São Paulo/SP, dentre outros[54].

Nos contratos de infraestrutura relacionados aos Jogos Olímpicos e Paralímpicos Rio 2016 fora inicialmente imaginado um formato permanente de CRD para acompanhamento e prevenção de disputas. Por questões orçamentárias, os comitês foram convertidos para o formato *ad hoc.* Não houve registro da instauração efetiva de algum DB, mas a simples previsão contratual de sua existência, na visão de Augusto Barros e Ricardo Medina, colaborou para que as partes encontrassem uma solução negociada de suas divergências.[55]

Como complementam os autores, *"O estudo deste caso mostra a função dissuasória em relação às disputas contratuais que resulta da possibilidade de um terceiro impor uma decisão às partes, algo por si só significativamente benéfico ao contrato".*[56]

3.3. Base normativa para aplicação do CRD nos contratos públicos nacionais

A primeira experiência brasileira de adoção do CRD em contratos públicos, como visto acima, foi fruto de uma exigência do BIRD, o que autorizou sua previsão contratual pelo Poder Público, com fundamento no §5° do art. 42 da Lei n° 8.666/01993[57].

[54] Ribeiro, Ana Paula Brandão; Rodrigues, Isabella Carolina Miranda. Os dispute boards no Direito Brasileiro. **Revista Direito Mackenzie,** v. 9, n. 2, 2015, p. 141.

[55] Figueiredo, Augusto Barros de; SALLA, Ricardo Medina. Op. cit., p.42.

[56] Ibidem.

[57] "Art. 42 [...] § 5º Para a realização de obras, prestação de serviços ou aquisição de bens com recursos provenientes de financiamento ou doação oriundos de agência oficial de cooperação estrangeira ou organismo financeiro multilateral de que o Brasil seja parte, poderão ser admitidas, na respectiva licitação, as condições decorrentes de acordos, protocolos, convenções ou tratados internacionais aprovados pelo Congresso Nacional, bem como as normas e procedimentos daquelas entidades, inclusive quanto ao critério de seleção da proposta mais vantajosa para a administração, o qual poderá contemplar, além do preço, outros fatores de avaliação, desde que por elas exigidos para a obtenção do financiamento ou da doação, e que também não conflitem com o princípio do julgamento objetivo e sejam objeto de despacho motivado do órgão executor do contrato, despacho esse ratificado pela autoridade imediatamente superior." (Artigo 42, § 5º, da Lei Federal nº 8.666, de 21 de junho de 1993).

Ainda que a opção por sua adoção não seja decorrente de uma exigência do agente financiador internacional, o CRD, em se tratando de concessões, extrai sua validade do art. 23-A da Lei nº 8.987/1995, que fora incluído pela Lei nº 11.196/2005[58]. Já em relação aos contratos de parcerias público-privadas, aponta-se o art. 11, III, da Lei nº 11.079/2004[59] como base legal específica. Nos setores rodoviário, ferroviário e aeroportuário, em especial, o art. 31 da Lei nº 13.448/2017[60] também permite o uso deste mecanismo *"após decisão definitiva da autoridade competente"*, o que deve ser interpretado como a decisão que opta por incluir esta cláusula no contrato, não carecendo, por óbvio, de uma decisão para cada controvérsia que venha a surgir, até mesmo porque atuação do comitê, via de regra, é preventiva.

Na verdade, todas estas normas citadas, embora bem-vindas, sequer seriam indispensáveis para permitir a adoção do CRD, eis que este é apenas um instrumento de governança contratual, voltado a dar segurança jurídica e evitar a formação de litígios. Inexiste qualquer vedação para sua adoção nas normas que regem as contratações públicas. Tanto assim o é, que o Conselho da Justiça Federal aprovou na I Jornada de Prevenção e Solução Extrajudicial de Litígios três enunciados doutrinários que reforçam o cabimento da adoção dos comitês nos contratos administrativos[61].

[58] "Art. 23-A. O contrato de concessão poderá prever o emprego de mecanismos privados para resolução de disputas decorrentes ou relacionadas ao contrato, inclusive a arbitragem, a ser realizada no Brasil e em língua portuguesa, nos termos da Lei nº 9.307, de 23 de setembro de 1996." (Art. 23-A da Lei Federal nº 8.987, de 13 de fevereiro de 1995).

[59] "Art. 11. O instrumento convocatório conterá minuta do contrato, indicará expressamente a submissão da licitação às normas desta Lei e observará, no que couber, os §§ 3º e 4º do art. 15, os arts. 18, 19 e 21 da Lei nº 8.987, de 13 de fevereiro de 1995, podendo ainda prever: [...] III – o emprego dos mecanismos privados de resolução de disputas, inclusive a arbitragem, a ser realizada no Brasil e em língua portuguesa, nos termos da Lei nº 9.307, de 23 de setembro de 1996, para dirimir conflitos decorrentes ou relacionados ao contrato." (Art. 11, III, da Lei Federal nº 11.079, de 30 de dezembro de 2004).

[60] "Art. 31. As controvérsias surgidas em decorrência dos contratos nos setores de que trata esta Lei após decisão definitiva da autoridade competente, no que se refere aos direitos patrimoniais disponíveis, podem ser submetidas a arbitragem ou a outros mecanismos alternativos de solução de controvérsias." (Art. 31 da Lei Federal nº 13.448, de 5 de junho de 2017).

[61] Enunciado 49: Os Comitês de Resolução de Disputas (Dispute Boards) são método de solução consensual de conflito, na forma prevista no § 3° do art. 3º do Código de Processo Civil Brasileiro.

Enunciado 76: As decisões proferidas por um Comitê de Resolução de Disputas (Dispute Board), quando os contratantes tiverem acordado pela sua adoção obrigatória, vinculam as

De fato, mesmo para modalidades contratuais que não possuam previsão legal expressa, a legalidade da estipulação de um CRD decorre da legalidade do próprio contrato em si. Se o agente público possui competência para contratar, também possuirá competência para escolher se adota, ou não, um CRD. Neste sentido, o entendimento de Alexandre Santos de Aragão, embora direcionado à arbitragem, se encaixa perfeitamente à hipótese:

> Se a Administração Pública pode celebrar contratos e [deve] cumprir voluntariamente suas obrigações nos termos pactuados, pela mesma lógica deve-se entender possível a contratação da solução por arbitragem das controvérsias deles decorrentes. Não faz sentido entender que os direitos são 'disponíveis' para poderem ser estabelecidos mediante um acordo de vontades (contrato) e, de outro lado, entender que são 'indisponíveis' para vedar que controvérsias dele oriundas possam ser submetidas à arbitragem.[62]

Importante frisar, ainda, que ao optar pela inserção de cláusula contratual que preveja a existência de um CRD o agente público não está realizando qualquer tipo de renúncia. Mesmo na modalidade em que o comitê irá emitir deliberações incialmente vinculantes, a solução final de qualquer conflito ainda estará nas mãos da jurisdição estatal ou arbitral. Ao optar pelo CRD o administrador está, tão somente, valendo-se de sua análise de conveniência e oportunidade para adotar um instrumento de governança contratual e resolução de divergências com eficácia comprovada robustamente na experiência internacional.

De qualquer forma, a previsão legislativa expressa é sempre muito válida para trazer segurança jurídica e evitar – ou, ao menos, diminuir – tensões com os órgãos de controle.

partes ao seu cumprimento até que o Poder Judiciário ou o juízo arbitral competente emitam nova decisão ou a confirmem, caso venham a ser provocados pela parte inconformada. Enunciado 80: A utilização dos Comitês de Resolução de Disputas (Dispute Boards), com a inserção da respectiva cláusula contratual, é recomendável para os contratos de construção ou de obras de infraestrutura, como mecanismo voltado para a prevenção de litígios e redução dos custos correlatos, permitindo a imediata resolução de conflitos surgidos no curso da execução dos contratos.

[62] ARAGÃO, Alexandre Santos de. Empresas Estatais: o regime jurídico das empresas públicas e sociedades de economia mista. São Paulo: Forense, 2017. p. 403.

3.3.1. A Lei nº 16.873/18 do Município de São Paulo

A Lei nº 16.873/18 do Município de São Paulo foi, no Direito brasileiro, a primeira que "*Reconhece e regulamenta a instalação de Comitês de Prevenção e Solução de Disputas em contratos administrativos continuados...*". O grande mérito desta lei, além do seu caráter inovador, foi manter a essência do desenho internacional do instituto, compatibilizando-o com as soluções já consagradas pela arbitragem de questões sensíveis à administração pública (direitos patrimoniais disponíveis, publicidade, ônus do pagamento dos especialistas, etc.). Todavia, como toda lei que inova no ordenamento jurídico, é natural que algumas questões sejam tratadas de forma excessivamente conservadora. Chamo atenção, neste aspecto, a três pontos.

O primeiro artigo da lei[63] acaba vedando a possibilidade de comitês *ad hoc* em contratos já firmados, ao exigir a previsão expressa dos comitês no edital e no contrato. Como método de prevenção e resolução de controvérsias que é, a restrição não deveria existir, como demonstram os Enunciados do Conselho da Justiça Federal citados no *tópico 3.3.* De outra banda, a lei paulistana aparenta ter sido pensada para aplicação exclusiva em contratos de obras. Embora seu primeiro artigo utilize a expressão bastante abrangente de "*contratos continuados da Administração*", o artigo segundo já se desloca deste conceito aberto ao se referir à "*contrato administrativo de obra*"[64]. De forma semelhante, o legislador manifestou, expressamente, a sua preferência pela formação do comitê com "*dois engenheiros e um advogado*"[65], o que também demonstra seu foco nas obras públicas.

Compreende-se que, como se tratava de norma que inovava no cenário nacional, buscou o legislador ser conservador, limitando a aplicação do instituto para os contratos em que ele foi inicialmente desenhado e ampla-

[63] "Art. 1º Os Comitês de Prevenção e Solução de Disputas para dirimir conflitos relativos a direitos patrimoniais disponíveis em contratos continuados da Administração Direta e Indireta do Município de São Paulo observarão as disposições desta lei e deverão, quando aplicáveis, estar previstos, respectivamente, no edital e contrato." (Artigo 1º da Lei Municipal nº 16.873, de 22 de fevereiro de 2018, de São Paulo/SP).

[64] "Art. 2º O Comitê de Prevenção e Solução de Disputas poderá ter natureza revisora, adjudicativa ou híbrida, conforme os incisos deste artigo, a depender dos poderes que lhe forem outorgados pelo contrato administrativo de obra celebrado:[...]" (Artigo 2º da Lei Municipal nº 16.873, de 22 de fevereiro de 2018, de São Paulo/SP).

[65] "Art. 6º O Comitê será composto por três pessoas capazes e de confiança das partes, sendo, preferencialmente, dois engenheiros e um advogado." (Artigo 6º da Lei Municipal nº 16.873, de 22 de fevereiro de 2018, de São Paulo/SP).

mente testado na experiência internacional. Todavia, como será demonstrado em tópico específico, estas restrições são indevidas.

Se for aceito, por exemplo, o uso do comitê para atuar numa grande contratação que envolva o desenvolvimento de Tecnologia da Informação e Comunicação (TIC), é inequívoco que analistas de sistemas, ou profissionais afins, deverão integrar o comitê. Por outro lado, se os comitês atuarem em processos de reequilíbrio econômico-financeiro dos contratos, a participação de economistas e/ou contadores pode ser tão imprescindível quanto a de um advogado.

Destaca-se aqui, neste ponto, que a lei deixou de prever expressamente a competência dos comitês para atuar no reequilíbrio econômico-financeiro dos contratos. A omissão, embora compreensível pelo ineditismo da lei, é indesejada, e pode gerar ruídos com a atuação dos órgãos de controle. Logo, a previsão expressa da possibilidade de aplicação do instrumento para o reequilíbrio econômico-financeiro dos contratos públicos deve ser prestigiada, em nome da segurança jurídica.

3.3.2. Lei nº 14.133/2021, a nova "Lei de Licitações"

A Lei nº 14.133, de 1º de abril de 2021, veio sedimentar a possibilidade de utilização ampla do CRD nos contratos administrativos. De fato, para ficar em apenas um exemplo, não havia lógica em permitir que um contrato de obra pública, caso elaborado através do regime de parcerias, pudesse contar com o CRD; enquanto obra semelhante, se contratada pelo "regime geral", não dispusesse deste mesmo instrumento.

A nova legislação faz referência expressa ao mecanismo em três dispositivos distintos. No art. 138, II[66], consta a previsão de que a extinção do contrato poderá ocorrer de forma consensual, por comitê de resolução de disputas, desde que haja interesse da Administração. A previsão faz sentido, na medida em que seria contraditório permitir que o comitê, que não detém a palavra final sobre qualquer disputa e tem por finalidade garantir a efetiva execução contratual, pudesse determinar a sua extinção precoce. Ainda assim, nada obsta que sejam utilizadas técnicas de mediação e conciliação para que as próprias partes cheguem a uma deliberação consensual neste sentido, se assim for o caso.

[66] "Art. 138. A extinção do contrato poderá ser: [...] II – consensual, por acordo entre as partes, por conciliação, por mediação ou por comitê de resolução de disputas, desde que haja interesse da Administração;" (Artigo 138, II, da Lei Federal nº 14.133, de 1º de abril de 2021).

Já o artigo 151[67] faz referência à possibilidade de utilização do CRD, e demais meios alternativos de prevenção e resolução de controvérsias, nos contratos regidos pela referida lei. Ao concentrar as hipóteses de cabimento dos MESCs num único dispositivo, sem diferenciá-los, a lei deixa claro que sempre que se considerar cabível a utilização de um MESC para a resolução de determinado tipo de controvérsia, o mesmo deverá ser extensível a todos os demais, o que já oferece um importante vetor interpretativo para a utilização do CRD.

Outro destaque positivo é a menção expressa, feita em seu parágrafo único, sobre a viabilidade de utilização do CRD em controvérsias que versem sobre o reestabelecimento do equilíbrio econômico-financeiro do contrato, inadimplemento das obrigações contratuais e o cálculo de indenizações. Historicamente, a utilização dos MESCs nos procedimentos de reequilíbrio econômico-financeiro foi cercada de controvérsias (vide *tópico* 5.5), de modo que a previsão é bem-vinda para conferir segurança jurídica.

O citado dispositivo ressalva também a viabilidade de utilização do CRD para resolução de controvérsias sobre o inadimplemento de obrigações contratuais *"por quaisquer das partes"*. Num primeiro momento, pode parecer que o destaque é redundante, na medida em que afrontaria grosseiramente a isonomia – e a própria natureza dos MESCs – imaginar que um instrumento contratual criado para prevenir e solucionar divergências só pudesse atuar diante do inadimplemento oriundo do contratado (particular), mas não do contratante (Administração). Ainda assim, em se tratando de contratos regidos pelo Direito Administrativo, em que existem as denominadas "cláusulas exorbitantes" em favor da Administração, a previsão é válida para evitar discussões desnecessárias sobre a possibilidade de utilização do CRD em caso de inadimplemento pela Administração.

Por óbvio que não cabe ao CRD avaliar o mérito de decisões políticas e, muito menos, substituir-se à Administração na tutela do interesse público. Ocorre que mesmo quando o descumprimento de alguma cláu-

[67] "Art. 151. Nas contratações regidas por esta Lei, poderão ser utilizados meios alternativos de prevenção e resolução de controvérsias, notadamente a conciliação, a mediação, o comitê de resolução de disputas e a arbitragem. Parágrafo único. Será aplicado o disposto no **caput** deste artigo às controvérsias relacionadas a direitos patrimoniais disponíveis, como as questões relacionadas ao restabelecimento do equilíbrio econômico-financeiro do contrato, ao inadimplemento de obrigações contratuais por quaisquer das partes e ao cálculo de indenizações." (Artigo 151 da Lei Federal nº 14.133, de 1º de abril de 2021)

sula contratual seja justificado por razões de relevante interesse público, surge para a Administração o dever inequívoco de reequilíbrio econômico-financeiro do contrato ou indenização. Neste caso, a atuação do CRD será relevante, não para impedir a Administração de exercer suas prerrogativas de império, mas para avaliar o impacto econômico-financeiro no contrato, mensurar eventual indenização, e buscar, junto com as partes, uma forma adequada para que o contrato possa continuar a ser executado, diante da nova realidade experimentada.

Em que pesem estes inegáveis avanços, cabe ser feita uma crítica ao legislador, pela perda de uma excelente oportunidade para revisar o conceito de "*direitos patrimoniais disponíveis*" como balizador das controvérsias que admitem a utilização dos MESCs. Tal conceito fora introduzido no ordenamento pátrio pela Lei nº 13.129/2015, que inseriu dois parágrafos no art. 1º da Lei da Arbitragem[68], de modo a encerrar a controvérsia sobre a possibilidade de utilização da arbitragem pela Administração. Ocorre que, ainda que se reconheça a boa iniciativa do legislador, trata-se de um conceito que mais confunde do que elucida. A interpretação literal da expressão já choca, de pronto, ao induzir a ideia de que possam existir direitos e bens públicos passíveis de livre disposição pelo gestor público. Para tentar elidir esta possibilidade, alguns doutrinadores, como Maria Sylvia Di Pietro, começaram a conferir à expressão o sentido de direitos patrimoniais "negociáveis":

> Também é preciso tomar cuidado com o vocábulo "disponível". Ele pode dar a errônea impressão de que significa livre disposição, liberalidade, mas não é esse o sentido correto. Quando se diz que os bens dominicais são disponíveis, é apenas no sentido de que eles podem ser objeto de negociação pelo poder público, por meio de institutos regidos pelo Direito Privado, como compra e venda, locação, permuta, doação. Isto porque, enquanto não têm destinação pública, são passíveis de valoração econômica[69].

[68] "Art. 1º [...] § 1º A administração pública direta e indireta poderá utilizar-se da arbitragem para dirimir conflitos relativos a direitos patrimoniais disponíveis. § 2º A autoridade ou o órgão competente da administração pública direta para a celebração de convenção de arbitragem é a mesma para a realização de acordos ou transações." (Art. 1º, §§ 1º e 2º da Lei Federal nº 9.307, de 23 de setembro de 1996)

[69] Di Pietro, Maria Sylvia Zanella. As possibilidades de arbitragem em contratos administrativos. **Consultor Jurídico**. 24 set. 2015. Disponível em: <https://www.conjur.com.

Ocorre que mesmo com a interpretação proposta, não raras vezes é bastante tormentoso, no caso concreto, definir o que caracterizaria um direito patrimonial *disponível*, ou mesmo *negociável*.

Há ainda aqueles, como Danilo Germano Rêgo, que defendem uma posição mais radical, no sentido de que "*a eficácia do art. 1º, §1º, da Lei nº 9.307/1996 é vazia e não pode ser completada por uma interpretação exclusivamente baseada em princípios, nem por um ato administrativo infralegal de autoridade administrativa sem autorização legal para fazê-lo.*"[70] Para esta corrente, enquanto não alterado o conceito legal de "direitos patrimoniais disponíveis" a arbitragem e, consequentemente, os demais MESCs, só poderiam ser adotados nas hipóteses expressamente previstas na legislação ordinária.

Agravando ainda mais este quadro de incertezas, a Lei nº 13.140/2015, ao regulamentar a mediação, estipulou que esta pode ser utilizada em conflitos que versem sobre *direitos disponíveis* ou sobre *direitos indisponíveis que admitam transação*[71]. Ou seja, a um só passo retirou o referencial dos direitos *patrimoniais* e admitiu que podem existir direitos indisponíveis que sejam transacionáveis.

O que se observa, até então, é que a resposta a esta situação de indesejável insegurança, tem sido a delimitação, em normas esparsas[72], de hipóteses concretas, não exaustivas, que configurariam o permissivo legal de utilização dos MESCs. Ou seja, ao invés de atacar o problema na origem, as normas posteriores têm buscado apenas lidar com os seus sintomas. Logo, a nova "Lei de Licitações", dado o seu caráter de norma central no sistema de contratações públicas, é o diploma ideal para tratar a questão,

br/2015-set-24/interesse-publico-possibilidades-arbitragem-contratos-administrativos2>. Acesso em 21 dez. 2021.

[70] Rego, Danilo Germano. Limites da arbitragem perante a administração pública direta brasileira. **Revista Fórum Administrativo**, ano 19, n. 224. Belo Horizonte: Editora Fórum, 2019, p. 92.

[71] "Art. 3º Pode ser objeto de mediação o conflito que verse sobre direitos disponíveis ou sobre direitos indisponíveis que admitam transação." (art. 3º da Lei Federal nº 13.140, de 26 de junho de 2015)

[72] Um exemplo é o Decreto Federal nº 10.025, de 20 de setembro de 2019, que no *caput* do art. 2º replica o conceito legal, mas no parágrafo único deste dispositivo enumera que consideram-se controvérsias sobre direitos patrimoniais disponíveis, entre outras: I – as questões relacionadas à recomposição do equilíbrio econômico-financeiro dos contratos; II – o cálculo de indenizações decorrentes de extinção ou de transferência do contrato de parceria; e III – o inadimplemento de obrigações contratuais por quaisquer das partes, incluídas a incidência das suas penalidades e o seu cálculo.

atualizando este conceito legal que já não se coaduna com a importância dos MESCs na prevenção e resolução de conflitos que envolvam a Administração.

A solução, todavia, pode ser mais simples do que se imagina, como aponta Selma Lemes, valendo-se da alusão ao Direito privado pátrio e ao Direito comparado português, para defender que seja abandonado o conceito vinculado ao interesse disponível, mantendo-se somente o critério de patrimonialidade:

> No futuro, talvez seja possível evoluir para se alargar o âmbito de abrangência do conceito de arbitrabilidade objetiva para todas as áreas de aplicação da arbitragem, tal como se verifica no direito comparado, adotando não mais o conceito vinculado ao interesse disponível, mas somente utilizando o critério de patrimonialidade. O legislador infraconstitucional poderia assim dispor.
>
> Aliás, não constituiria nenhuma novidade no ordenamento pátrio, pois o art. 852 do Código Civil, que trata do compromisso arbitral, menciona que somente as questões referentes à patrimonialidade podem ser dirimidas por arbitragem. Essa pequena alteração auxiliaria, inclusive, a Administração Pública a instituir, por lei própria, a arbitragem na área tributária, que muito poderia contribuir para diminuir o imenso contingente de demandas que sobrelotam as varas de execuções fiscais, tal como praticado em Portugal.[73]

Por fim, voltando-se novamente os olhos às disposições da Lei nº 14.133/2021 que se referem expressamente ao CRD, o artigo 154[74] da lei aponta que o processo de escolha dos membros do comitê deverá observar critérios isonômicos, técnicos e transparentes, em sintonia com os princípios da administração e as boas práticas preconizadas internacionalmente.

Como se percebe, o legislador federal não aprofundou a disciplina normativa do CRD, tendo estabelecido apenas regras genéricas. No entanto, isso não deve ser visto como um ponto negativo, na medida, inclusive, que abre campo para que os demais entes da Federação editem normas comple-

[73] LEMES, Selma. Arbitragem e Administração pública: passado, presente e futuro. In: VILLA-LOBOS, Nuno; PEREIRA, Tânia Carvalhais (org.). **Arbitragem em Direito Público**. São Paulo: FGV Projetos/CAAD, 2019. Disponível em: https://fgvprojetos.fgv.br/publicacao/arbitragem-em-direito-publico. Acesso em: 04 fev. 2022.

[74] "Art. 154. O processo de escolha dos árbitros, dos colegiados arbitrais e dos comitês de resolução de disputas observará critérios isonômicos, técnicos e transparentes." (Artigo 154 da Lei Federal nº 14.133, de 1º de abril de 2021)

mentares e específicas.[75] Ademais, como será visto no *tópico 3.3.3*, já existem projetos de lei bastante avançados no Congresso Nacional para regulamentar de forma específica o instituto, assim como observado nas Leis nº 9.307/1996 e nº 13.140/2015, que disciplinam a arbitragem e a mediação.

3.3.3. Projetos de Lei em tramitação no Congresso Nacional

No dia 29/06/2021 o plenário do Senado aprovou o Projeto de Lei do Senado (PLS) nº 206/2018, proposto pelo Senador Antonio Anastasia, que: "*Regulamenta a instalação de Comitês de Prevenção e Solução de Disputas em contratos celebrados pela União, pelos Estados, pelo Distrito Federal e pelos Municípios*"[76]. A proposta original previa aplicação restrita aos contratos da União, tendo sido alterada para abranger também os demais entes da Federação.

Na Câmara dos Deputados o Projeto de Lei (PL) tramita sob o nº 2421/2021[77], tendo sido determinado o regime de tramitação prioritária pelo Presidente da Câmara dos Deputados. Determinou-se, também, que fosse apensado o PL 9883/2018, de autoria do Deputado Pedro Paulo, que tratava da mesma matéria[78].

A aprovação destes projetos, como já visto, não se faz imprescindível para a viabilidade de utilização do CRD nos contratos públicos. Ainda assim, esta aprovação seria muito positiva e consolidaria, de vez, a segurança jurídica para a utilização do mecanismo.

A redação final aprovada pelo Senado do PLS 206/18 possui dois grandes méritos. Em primeiro lugar, optou-se por copiar algumas práticas que vem sendo adotadas com sucesso por outros MESCs. Além disso, buscou-se incorporar procedimentos de DB já consolidados na experiência internacional, com poucas adaptações para a realidade local. Cabe aqui, todavia,

[75] Nos termos do art. 22, XXVII, da Constituição Federal, a competência legislativa privativa da União é apenas para editar sobre normas gerais de licitação e contratação.

[76] BRASIL. Senado Federal. Loc cit.

[77] BRASIL. Câmara dos Deputados. **Projeto de Lei nº 2.421, de 02 de julho de 2021**. Regulamenta a instalação de Comitês de Prevenção e Solução de Disputas em contratos celebrados pela União, pelos Estados, pelo Distrito Federal e pelos Municípios. Brasília: Câmara dos Deputados, 2021. Disponível em: <https://www.camara.leg.br/proposicoesWeb/fichadetramitacao?idProposicao=2289398>. Acesso em: 16 ago. 2021.

[78] BRASIL. Câmara dos Deputados. **Projeto de Lei nº 9.883/2018, de 27 de março de 2018**. Dispõe sobre o uso dos Comitês de Resolução de Disputas (Dispute Boards) em contratos administrativos. Brasília: Câmara dos Deputados, 2021. Disponível em: <https://www.camara.leg.br/proposicoesWeb/fichadetramitacao?idProposicao=2170449>. Acesso em: 16 ago. 2021.

a crítica já feita em relação à manutenção, no art. 1º, do conceito ultrapassado e impreciso de "*direitos patrimoniais disponíveis*" como delimitador dos tipos de conflitos que podem ser dirimidos pelo CRD (*vide tópico 3.3.2*)

O projeto de lei replica algumas previsões já incorporadas à arbitragem, como a necessidade de observância dos princípios da legalidade e da publicidade (art. 4º) e a equiparação dos membros do comitê aos agentes públicos para efeitos de responsabilização penal (art. 7º). Em relação a este aspecto, deve ser feito destaque extremamente positivo da previsão explícita de que os membros do comitê, bem como os agentes públicos que participarem do processo de composição extrajudicial do conflito pelo comitê ou derem cumprimento à respectiva recomendação ou decisão, somente poderão ser responsabilizados civil, administrativa ou criminalmente quando agirem com dolo ou culpa grave ou mediante fraude (art. 7º, *caput* e p.u.). Como será visto em tópico específico, trata-se de previsão fundamental para trazer segurança jurídica aos gestores públicos e independência aos membros do comitê, além de servir para autocontenção dos órgãos de controle (vide *tópico 5.4*).

Em relação à incorporação dos procedimentos de DB que já vem sendo utilizados, com êxito, na experiência internacional, o art. 2º estabelece expressamente que o comitê poderá ter natureza revisora, adjudicativa ou híbrida, incorporando os conceitos de DRB, DAB e CDB. Destaque-se apenas o equívoco da previsão de que, no comitê de formato híbrido, a competência revisora ou adjudicativa será decidida pela parte Requerente. Se não houver consenso entre as partes, a decisão sobre a natureza da decisão deve ser sempre do próprio comitê, evitando-se com isso comportamentos oportunísticos eventuais (vide *tópico 2.5.3*).

O art. 3º ratifica a possibilidade de que sejam adotadas regras de uma instituição especializada, que é definida, em seu §1º, como sendo "*câmaras e instituições de reconhecida idoneidade, competência e experiência na administração de métodos extrajudiciais de solução de controvérsias e de autocomposição de conflitos*". Já o art. 5º mantém a formação padronizada de três membros, exigindo, todavia, que um deles seja "*advogado com reconhecida atuação jurídica na área objeto de contrato*". Como será visto em tópico específico, a exigência de que um dos membros tenha formação jurídica é benéfica. Cabe uma ressalva, todavia, à obrigatoriedade de que o advogado tenha reconhecida atuação jurídica apenas na área objeto do contrato.

O papel do advogado no comitê, principalmente num comitê permanente, está mais ligado à organização dos procedimentos e documentos, utilização das técnicas de mediação para buscar a autocomposição e garantia do devido processo legal/contratual. Logo, sua experiência efetiva com DBs pode ser mais importante do que sua experiência específica com o objeto do contrato. Dito de outra forma, um advogado que tenha larga experiência de atuação num determinado objeto contratual, mas que tenha atuado apenas em processos adversariais, pode vir a contribuir menos para um CRD do que um advogado que, embora não possua conhecimentos específicos na área do contrato, tem experiência na condução de MESCs. É neste sentido, inclusive, o Regulamento de *Dispute Board* do Centro de Resolução de Conflitos da Universidade de São Paulo (CRC-USP)[79]:

> Art. 14 [...] Parágrafo Único. Observado o quanto previsto no Artigo 7º, o Presidente do *Dispute Board* deverá ter formação jurídica e experiência na condução de métodos autocompositivos e heterocompositivos de solução de conflitos.

Apesar dos muitos avanços citados, uma crítica contundente deve ser feita ao projeto como um todo. O que se percebe é que ele foi pensado, quase que exclusivamente, para comitês no formato *ad hoc*. Ou seja, o que deveria ser a exceção está sendo utilizado como regra. Prova disto é a previsão do art. 5º, § 1º, de que o comitê entrará em funcionamento com assinatura do Termo de Compromisso pelas partes e membros, o que deverá ocorrer em até 30 (trinta) dias contados do registro de alguma controvérsia. Ora, o comitê permanente tem seu funcionamento desde o início do contrato, quando ainda inexiste qualquer controvérsia entre as partes.

Na mesma linha é a previsão do art. 5º, §3º, de que o comitê seja dissolvido após proferir recomendação ou decisão, salvo previsão expressa em sentido contrário. Ocorre que a lógica de um comitê permanente é justamente oposta: salvo previsão expressa, o comitê continuará a atuar até o término do contrato. A emissão de alguma decisão ou recomendação é apenas uma das muitas tarefas que ainda serão confiadas ao comitê.

[79] UNIVERSIDADE DE SÃO PAULO. Centro de Resolução de Conflitos (CRC-USP). **Regulamento de *Dispute Board*.** Disponível em: http://glip.usp.br/wp-content/uploads/2021/05/glip.usp.br-20210525-crc-usp-regulamento-dispute-boards.pdf. Acesso: 17 dez. 2021.

O PL nº 9.883/2018 da Câmara dos Deputados traz este mesmo foco voltado, quase que exclusivamente, ao comitê *ad hoc*. O art. 1º já define o CRD como método de solução consensual de conflitos. Já o art. 2º aponta que o CRD "*têm a finalidade de prevenir e solucionar de forma célere, técnica e com base na estrita observância das cláusulas contratuais os litígios que surgirem durante a execução do contrato [...]*". Ambas as definições ignoram que o CRD no formato permanente possui um escopo de atuação bem mais amplo do que o de um método de resolução de conflitos, atuando como um instrumento de gestão e governança contratual, com foco na *prevenção* dos conflitos.

Outro ponto que se observa é que os dois projetos, embora permitam a criação excepcional de comitês com um número maior de membros, em contratações complexas, acabam por impedir a criação de comitê composto por apenas um membro, mesmo nas contratações menores. Neste momento inicial de implantação do mecanismo, essa restrição é, de fato, oportuna, podendo ser revista futuramente se o CRD se desenvolver no país tão bem como observado internacionalmente.

Ponto importante de destaque é que o PL nº 9.883/2018, em seu art. 11, torna obrigatória a utilização do CRD para contratos de valor superior a R$50.000,000,00 (cinquenta milhões de reais). A prevalecer esta determinação, o CRD será rapidamente popularizado na rotina administrativa nacional, tendo em vista que, atualmente, diversos contratos ultrapassam o limite de valor proposto, e o PL não veda que o CRD seja adotado em contratações de menor valor. Todavia, deve-se fazer a crítica de que alguns contratos podem ultrapassar esse valor e, nem por isso, justificarem a adoção do DB, como visto no *tópico 3.6*.

Conclui-se que a regulamentação legislativa em tramitação possui grandes méritos, mas peca por focar-se, quase que exclusivamente, no formato *ad hoc* do CRD. Embora ela não chegue a vedar o uso do modelo permanente, a ausência de previsão de normas específicas para este formato, aliada às incongruências de algumas regras pensadas para o uso no formato *ad hoc*, podem acabar trazendo insegurança jurídica para o uso do formato permanente.

Repise-se que é apenas nesse formato que o CRD possui meios para, não apenas resolver, mas prevenir os conflitos. E mesmo no que se refere à resolução dos conflitos, o modelo permanente traz uma velocidade de resposta maior (vide *tópico 4.1*). É, portanto, o modelo mais eficiente, que deveria ser incentivado pela legislação.

3.4. Razões que justificam o uso do DB pela Administração Pública

Dois deveres da Administração Pública podem ser destacados, num primeiro plano, para justificar o uso do CRD nos contratos públicos: o dever de *eficiência* e o dever de *manutenção do equilíbrio econômico-financeiro* dos contratos.

Em relação à eficiência, a análise da experiência internacional, feita no *tópico 2.6*, demostrou que o uso do CRD contribui de forma impactante na redução da litigiosidade entre os contratantes, o que reflete diretamente no cumprimento dos prazos contratuais e na redução dos custos ocasionados pelas disputas.

Já em relação ao equilíbrio contratual, não é demasiado classificar o CRD como um dos mais avançados instrumentos de manutenção do equilíbrio econômico-financeiro já desenvolvidos. Diversas são as cláusulas contratuais que buscam lidar com a preservação do equilíbrio econômico-financeiro. Para isso, os contratos e as normas de contratações públicas estabelecem padrões de correção monetária, critérios para alterações de quantitativos, revisões contratuais ordinárias e extraordinárias, dentre outras ferramentas. Apesar da importância de todas elas, tratam-se de previsões abstratas que apenas vão se materializar através da vontade das partes ou de um terceiro julgador, cujo demorado tempo de decisão costuma ser, por si só, um fator de desequilíbrio.

Ademais, diante da incompletude contratual – principalmente nos contratos de longo prazo –, torna-se impossível prever todos os fatores e situações que, de alguma forma, poderão impactar no equilíbrio contratual. Nestes casos, ainda que em determinada situação específica se reconheça o direito ao reequilíbrio, seu cálculo preciso costuma ser fonte de grandes atritos entre as partes, o que termina, muitas vezes, impactando o andamento do projeto. São nestas situações que a atuação do CRD se revela mais relevante. Como o comitê, na modalidade permanente, é um instrumento de governança contratual, pode-se classificá-lo, também, como um verdadeiro "organismo vivo" de manutenção do equilíbrio econômico-financeiro.

Afinal, sempre que o comitê – alheio às pretensões individuais das partes, e focado na higidez da execução contratual – perceber algum fator que pode vir a ocasionar desequilíbrio, já irá convidar as partes a debatê-lo. Ou seja, pode ocorrer de nem as próprias partes terem notado o fator de risco, mas já serão instadas a trabalhar juntas para tratá-lo de forma preventiva. E como já visto, mesmo nas hipóteses em que não houver consenso e a divergência evoluir para uma disputa formal, o comitê irá emitir uma deliberação que, no seu entender, reequilibre o contrato, numa celeridade impensável se comparada aos demais MESCs. Tudo isso com a finalidade precípua de não permitir a paralisação do andamento do projeto.

Estas razões apontam para a relevância do uso do CRD nos contratos administrativos, principalmente quando deparamos com a realidade brasileira, experimentada ao longo de décadas, de paralisação de um grande número de obras públicas, analisada no *tópico 3.1.*

Embora a eficiência e a manutenção do equilíbrio econômico-financeiro do contrato sejam diretrizes inafastáveis de qualquer modalidade de contratação pública, é certo que o gestor dispõe de discricionariedade na escolha dos instrumentos contratuais que irão promover estes deveres constitucionais. Ocorre que esta discricionariedade acaba sendo reduzida à medida em que a prática consolidada da experiência internacional demonstra a existência de ferramentas mais eficientes do que aquelas que estão sendo utilizadas.

Vale dizer: o gestor público, e os próprios órgãos de controle, terão cada vez mais dificuldade em explicar o porquê de não estar sendo adotado um instrumento preconizado por importantes órgãos e instituições que se dedicam ao estudo dos melhores modelos de contratação ao redor do mundo, como a FIDIC, ICC, Banco Mundial, dentre outros.

3.5. Custos estimados

Como visto, são muitos os benefícios do uso do CRD em contratos públicos. Ainda assim, como qualquer outro instrumento contratual, sua utilização deve ser precedida de uma avaliação da relação "custo-benefício". Afinal, se a relação custo-benefício é prejudicial, o instrumento não deverá ser adotado, ainda que haja viabilidade legal, eis que a Administração Pública está vinculada ao princípio da eficiência/economicidade.

No que se refere aos custos, a DRBF estima que o gasto com os comitês varie entre 0,05% (cinco centésimos por cento) a 0,25% (vinte e cinco centésimos por cento) do custo total do contrato, a depender da quantidade de divergências que demandem a atuação mais intensa da junta de especialistas[80]. Já na Nota Técnica nº 4/2019/STR/SPPI consta uma pro-

[80] DRBF. Disponível em: <https://www.drb.org/wp-content/uploads/2016/02/Section_1_QuickPrint_11-07.pdf>. Acesso: 06 jul. 2020.

jeção do custo que se baseia nas tabelas de honorários divulgadas pelas associações profissionais, de modo que:

> Tomando por base um comitê de três profissionais de ampla experiência, que dedicam em média 15 horas por mês para os trabalhos do board, tem-se o dispêndio mensal de R$38.700,00 (trinta e oito mil e setecentos reais) com honorários dos membros. Eventualmente, para os eventos presenciais que se façam necessários a cada 45 ou 60 dias e que exijam deslocamento dos membros, a esse valor deve ser acrescida a indenização por diária e transporte, que podem ser estimados em valor aproximado de R$ 5.000,00 (cinco mil reais) no total.[81]

Augusto Barros e Ricardo Medina trazem uma estimativa de valor baseada nas tabelas de custas e honorários de algumas câmaras:

> Exemplificativamente, a Tabela de Despesas do Comitê de Prevenção e Solução de Disputas do CAM-CCBC estabelece os valores de R$4.000,000 (quatro mil reais) a título de Taxa de Registro, R$10.000,00 (dez mil reais) mensais de honorários dos membros (caso o contrato seja silente sobre o assunto), e R$4.000,00 (quatro mil reais) mensais de Taxa de Administração. Já a Tabela de Custas e Honorários dos Membros da Câmara de Conciliação, Mediação, Arbitragem da CIESP/FIESP prevê os valores de R$5.000,00 (cinco mil reais) a título de Taxa de Registro e R$1.500,00 (mil e quinhentos reais) mensais de Taxa de Administração, bem como estabelece que honorários mensais dos membros variarão de R$5.000,00 (cinco mil reais) a R$20.000,00 (vinte mil reais) dependendo do valor do contrato.[82]

3.6. Balizas que orientam a adoção do CRD em contratos públicos

Embora o CRD tenha nascido nos contratos de construção civil, é plenamente possível que seja adotado em contratos de outro tipo de objeto. Ao conceituar os DBs, a ICC aponta que: "*Embora comumente usados em projetos de construção, os DBs também são eficazes em outras áreas. Essas áreas incluem pesquisa e desenvolvimento; propriedade intelectual; partilha de produção e acordos de acionistas.*"[83]

[81] BRASIL. Op. cit., p. 18.

[82] FIGUEIREDO, Augusto Barros de; SALLA, Ricardo Medina. Op. cit., p.64.

[83] ICC. Disponível em:<https://iccwbo.org/dispute-resolution-services/dispute-boards/>. Acesso em: 21 mai. 2021. (tradução nossa)

Também o Centro de Arbitragem e Mediação da Câmara de Comércio Brasil-Canadá (CAM-CCBC) regulamenta o DB definindo-o como um método preventivo de solução de controvérsias adequado a contratos de longa duração, como contratos de construção civil de grande porte, contratos de franquia, contratos relacionados à propriedade intelectual e alguns casos de recuperação judicial de empresas.[84]

As duas definições feitas, baseadas na experiência internacional, demonstram que a utilização do DB não se limita aos contratos de obras, podendo ser ampliada para qualquer contrato cujas características assim recomendem. De fato, como o CRD é um mecanismo de governança contratual e resolução de conflitos, não existe um tipo determinado de contrato em que seu uso seja especialmente recomendado ou vedado. Afinal, qualquer que seja a modalidade de contratação, sempre haverá divergências e situações imprevistas a serem gerenciadas. Logo, o CRD pode ser adotado em qualquer modalidade de contrato em que a Administração Pública seja parte, desde contratos regidos pela Lei Geral de Licitações, até concessões ou PPP's[85]. Também não há qualquer problema de que sua adoção seja feita nos contratos regidos pelo Regime Diferenciado de Contratações Públicas (RDC), previsto na Lei nº 12.462/ 2011[86].

Conclui-se que não é o tipo de contrato que irá orientar a escolha pelo uso do CRD. Baseando-se na experiência internacional, nas melhores práticas (recomendações da DRBF) e nas próprias características básicas do mecanismo, pode-se apontar algumas balizas para orientar a adoção do DB nos contratos públicos.

A primeira delas é o *valor da contratação*. Embora as estimativas feitas no *tópico 3.5* confirmem que os custos com o CRD são expressivamente inferiores aos da arbitragem; não se pode desprezar que a contratação de três especialistas, com alto nível de experiência, para compor a junta não é um

[84] CAM-CCBC. Disponível em: <http://www.ccbc.org.br/Materia/1063/dispute>. Acesso em: 22 mai. 2021.

[85] A DRBF relata que na Austrália há exemplos de comitês permanentes atuando com muito sucesso em PPP's. *In* RUSSO, Ann; ESATON Graham e outros. Op. cit., p. 80.

[86] Para uma análise específica sobre viabilidade de utilização dos *Dispute Boards* no RDC, vide: MACHADO, M. O. A aplicabilidade dos dispute boards no Regime Diferenciado de Contratações públicas (RDC). **Revista de Doutrina Jurídica**, Brasília, DF, v. 110, n. 1, p. 12–31, 2019. Disponível em: <https://revistajuridica.tjdft.jus.br/index.php/rdj/article/view/294>. Acesso em: 15 nov. 2020.

custo insignificante, e só se justifica em contratos de maior volume financeiro. Como já apontado, a própria DRBF não indica que sejam formados comitês no "formato padrão" de três membros em projetos com custo de construção inferior a dez milhões de dólares americanos[87]. Valor aproximado a este encontra-se previsto no PL nº 9.883/2018 (vide *tópico 3.3.3*), que, em seu art. 11, torna obrigatória a utilização do CRD para contratos cujo valor seja superior a R$50.000,000,00 (cinquenta milhões de reais).

Se descartarmos a possibilidade de adoção de um comitê de membro único em contratos públicos (vide *tópico 4.3*), este já seria um critério objetivo. O valor mínimo para adoção do mecanismo, todavia, deve ser estabelecido por cada ente público, conforme sua realidade, sem prejuízo de que a legislação nacional venha a estipular um valor limite em que o seu uso passa a ser obrigatório, salvo justificação do gestor.

Outra baliza a ser observada é a de que o uso do mecanismo deve estar ligado a *contratos continuados*, conforme previsto na Lei nº 16.873/2018 do Município de São Paulo (vide *tópico 3.3.1*). Importante apenas não confundir este conceito com o de "serviços e fornecimentos contínuos" do art. 6º, incisos XV e XVI da Lei nº 14.133/2021. A ideia de contrato continuado está ligada aos *contratos de trato sucessivo* ou *execução continuada*, previstos no art. 478 do Código Civil, que se caracterizam como sendo aqueles que se cumprem por meio de atos reiterados, com pluralidade de prestações.

Um exemplo prático ajuda a compreensão: um contrato de compra de um grande lote de vacinas, que seriam entregues de uma só vez, ainda que tivesse um valor elevado, acima do limite apontado, não justificaria a existência de um DB, dado que o contrato teria curta duração e que as obrigações de cada parte seriam cumpridas com o implemento de uma única prestação. Lado outro, um contrato que estipulasse uma parceria entre ente público e privado para desenvolvimento de uma nova vacina, com obrigações plúrimas assumidas por cada parte ao longo de vários anos de execução, já apontaria para uma conclusão oposta.

Uma outra característica que deve orientar a escolha do DB é a *complexidade* e o *grau de incertezas* do objeto contratual. Embora a atuação do CRD possa ser benéfica em qualquer tipo de contratação, são nos contratos de objeto complexo, com alto grau de incertezas, que esta atuação se faz mais recomendada.

[87] DRBF. Loc. cit.

Voltando-se ao exemplo prático: um contrato de fornecimento de alimentação para todo o sistema carcerário de um estado pode até ter um valor econômico expressivo que comporte a atuação de um CRD. Além disso, se trata, indubitavelmente, de um contrato de execução continuada. Todavia, a natureza simples do objeto e a baixa imprevisibilidade das obrigações assumidas pelas partes fazem com que a atuação de uma junta especializada de profissionais não seja necessária a priori. Lado outro, a construção de uma hidrelétrica, diante do alto nível de intervenção na natureza e de todas as consequências (imprevisíveis) daí decorrentes, é um exemplo clássico que recomendaria a atuação da junta desde o início do projeto.

A mesma lógica deve orientar a análise da importância de utilização do CRD em qualquer tipo de contrato. Mudando o foco para os contratos que envolvem Tecnologia da Informação e Comunicação (TIC), se o nível de incerteza na execução das obrigações contratuais for baixo, como, por exemplo, num contrato de licenciamento de um software que já vem sendo utilizado por diversos órgãos ou pessoas jurídicas; provavelmente não haverá sentido em onerar a contratação com a instituição de um CRD. Todavia, se o objeto da contratação é o desenvolvimento de um novo sistema, com uma tecnologia criada recentemente, que terá elevado potencial de impacto na Administração[88]; a atuação da junta pode ser altamente recomendada, orientada, inclusive, em reduzir a assimetria de informações entre as partes e filtrar eventuais comportamentos oportunísticos.

Os exemplos dados – construção de hidrelétrica, desenvolvimento de vacinas e desenvolvimento de sistema de TIC – ilustram, pelas suas diferenças, a viabilidade do uso do CRD para muito além dos contratos de obras. De fato, a análise do "custo-benefício" da inclusão do CRD deve ser feita em cada tipo de contrato, tomando-se por base as balizas acima destaca-

[88] Cite-se, como exemplo, o contrato 000.061/19 firmado entre o Tribunal de Justiça de São Paulo e a empresa Microsoft Informática Ltda. para a criação de um novo sistema eletrônico de tramitação processual, cujo custo total estimado ao longo dos cinco anos de execução era de R$ 1,3 bilhão. Por razões que fogem ao escopo deste trabalho o Conselho Nacional de Justiça (CNJ) terminou suspendendo a execução do contrato, que fora rescindido posteriormente pelo próprio TJSP. Ainda assim, a contratação feita ilustra em cores a ideia que ora se defende: podem existir contratações públicas de TIC que, por seu tamanho e especificidades, justificariam a adoção do CRD desde o início do projeto, inclusive no formato de comitês permanente. Cópia do contrato disponível em: <http://portal.stf.jus.br/processos/detalhe.asp?incidente=5818587>. Acesso: 08 jun. 2020.

das: *(i) valor do contrato; (ii) continuidade da execução; (iii) nível de imprevisibilidade do projeto; e (iv) potencial de atraso* e *geração de disputas.*

Repise-se, todavia, o alerta de que se o ente público buscar financiamento para a execução do projeto nos grandes bancos internacionais de fomento, a depender do valor da contratação, a utilização do CRD não será opcional, mas uma condicionante do banco para a liberação do empréstimo.

3.7. Análise de casos em que o CRD foi questionado perante Tribunais e órgãos de controle

Como o uso do CRD no Brasil em contratos públicos ainda é recente, e como o instrumento tem um elevado índice de sucesso na resolução de litígios, poucos são os precedentes judiciais existentes sobre o tema. Ainda assim, alguns julgados já sinalizam para uma aceitação do mecanismo pela jurisprudência pátria.

No Tribunal de Contas da União, ainda que com reservas, também é possível observar um posicionamento inicial favorável ao uso do mecanismo, mesmo que condicionado a uma melhor regulamentação em nível infralegal. Um caso emblemático, todavia, que envolveu uma operação policial com ampla repercussão na mídia nacional, inspirou, e ainda inspira, grande apreensão para a adoção do CRD pelos gestores públicos.

Acredita-se, no ponto, que o CRD irá enfrentar no Brasil, em alguma medida, o caminho experimentado pela arbitragem: mesmo em se tratando de instrumento consolidado na experiência internacional e exigido pela iniciativa privada nas grandes contratações, que é previsto na legislação pátria e aceito pela jurisprudência; sua adoção sofre resistência dos órgãos de controle, muitas vezes desarrazoada.

3.7.1. Tribunais

Por inusitado que seja, o único precedente sobre *Dispute Board* que alcançou um Tribunal Superior[89] se deu num processo que não tinha nenhuma cláusula de DB como objeto da lide. No REsp nº 1.569.422/RJ[90] o STJ jul-

[89] A afirmação é feita com base em pesquisa realizada no repositório oficial da jurisprudência do STF e do STJ, na data de 03/12/2021, com os termos *"Dispute Board"*, *"Dispute Resolution Board"*, *"Comitê de Resolução de Disputas"* e *"Junta de Resolução de Disputas"*. Disponível em: <https://scon.stj.jus.br/SCON/> e <http://portal.stf.jus.br/jurisprudencia/>. Acesso em: 03 dez. 2021.

[90] BRASIL. Superior Tribunal de Justiça. Recurso Especial 1569422/RJ, Rel. Ministro MARCO AURÉLIO BELLIZZE, TERCEIRA TURMA, julgado em 26/04/2016, DJe 20/05/2016.

gou se uma cláusula de um contrato de compromisso de compra e venda de ações de uma empresa deveria ser interpretada como uma cláusula compromissória. A referida cláusula, que fora firmada antes da vigência da Lei nº 9.307/96, a lei da arbitragem, possuía a seguinte redação:

> "Caso não seja acordado tal valor dentro de 30 (trinta) dias, as partes nomearão dois avaliadores (um indicado por cada parte), que apontarão um terceiro, se necessário for, e no prazo de no máximo 60 (sessenta) dias apresentarão o valor de mercado para a(s) Empresa(s). A decisão dos avaliadores será final, definitiva e acatada pelas partes;"[91]

Houve divergência entre os julgadores se a cláusula deveria ser considerada uma cláusula compromissória ou se deveria ser interpretada apenas como uma cláusula de arbitramento ou peritagem, pela qual as partes não abriam mão da jurisdição estatal para solução de divergências[92]. Independentemente desta controvérsia, o certo é que a referida cláusula, apesar de prever a composição de um "comitê de avaliadores", não pode ser considerada como um *Dispute Board*, na medida em que previa que a decisão dos avaliadores seria final e definitiva. Qualquer que seja a modalidade de DB, sempre existirá a possibilidade de rediscussão de suas decisões na via

[91] Conforme consta em documento juntado aos autos (e-STJ fl. 68). Disponível em: <https://cpe.web.stj.jus.br/#/processo/201501776949?>. Acesso em: 02 ago. 2021.

[92] Sobre a diferença entre árbitro e arbitrador, Carlos Alberto Carmona defende que: "*Árbitro é a pessoa física indicada pelas partes – ou por delegação delas – para solucionar uma controvérsia que envolva direito disponível. Arbitrador, por sua vez, é a pessoa física indicada pelos contratantes (partes, portanto, num contrato, e não numa demanda) para integrar o conteúdo de um negócio jurídico (ou para integrar o conteúdo de uma disposição de última vontade deixada incompleta pelo testador). O terceiro, nesta última hipótese, não decide uma controvérsia entre as partes, resolvendo-se sua atividade apenas na eliminação de um contraste de opiniões, colaborando para a formação de um negócio jurídico. São diversas, bem se vê, a atividade do árbitro e a do arbitrador: o primeiro soluciona um litígio, impondo a solução autoritativamente, declarando a norma que incidiu sobre um dado fato típico; o segundo, ao contrário, integra, com sua vontade, o negócio jurídico incompleto, limitando-se à composição de interesses conflitantes. A distinção entre árbitro e arbitrador continua a ser relevante nos dias que correm, e não por questões meramente acadêmicas. Trata-se de estabelecer e precisar funções e atividades diferentes (e para isto serve a linguagem técnica). Quem nomeia um arbitrador não quer substituir a atividade jurisdicional estatal pela privada, mas almeja completar um negócio jurídico que nasceu (ou se tornou) incompleto: seria o caso de estipular o preço do bem vendido, ou delimitar o objeto do contrato. Quem nomeia árbitro certamente está buscando uma decisão autoritativa para o caso concreto, e espera uma sentença, com os mesmos requisitos e atributos da decisão emanada do Estado*". (Arbitragem e processo – Um Comentário à Lei nº 9.307 /96. 3. ed. São Paulo: Atlas, 2009, pág. 228)

judicial ou arbitral, ainda que condicionada à observância de algum procedimento determinado.

Em que pese esta constatação, o relator, Ministro Marco Aurélio Bellizze, prolatou um voto em que fez uma análise bastante abrangente sobre a viabilidade de as partes, através da autonomia de vontade, estabelecerem métodos alternativos de heterocomposição de conflitos de interesses, citando, dentre eles, o CRD. Eis o trecho do acórdão:

> 2.1 Afigura-se absolutamente possível que as partes, por anteverem futuras e pontuais divergências ao longo da consecução do objeto contratual, ou por conveniência/necessidade em não se fixar, de imediato, todos os elementos negociais, ajustem, no próprio contrato, a delegação da solução de tais conflitos a um terceiro **ou a um comitê criado para tal escopo e, também com esteio no princípio da autonomia de vontades, disponham sobre o caráter de tal decisão, se meramente consultiva; se destinada a resolver a contenda imediatamente, sem prejuízo de a questão ser levada posteriormente à arbitragem ou à Justiça Pública**, ou se vinculativa e definitiva, disposição contratual que, em qualquer circunstância – ressalvado, por óbvio, se existente algum vício de consentimento, – deve ser detidamente observada.
>
> **2.2** Será, portanto, a partir da natureza conferida pelas partes à decisão do terceiro ou do comitê criado para o escopo de dirimir determinada controvérsia, respeitada a autonomia dos contratantes, é que se poderá inferir se se está, ou não, diante de um método alternativo de heterocomposição de conflitos de interesses. (grifo nosso)

No trecho destacado, o acórdão descreve com detalhamento o funcionamento de um comitê de resolução de disputas, inclusive nas suas duas modalidades DAB e DRB, reconhecendo ser "absolutamente possível" sua estipulação em contrato. Este posicionamento do STJ, antecipando-se inclusive a um processo em que de fato estivesse sendo discutida alguma cláusula de DB, robustece a segurança jurídica no uso do mecanismo.

Outro precedente bem emblemático – este sim relativo a um *case* típico de CRD – ocorreu em disputa surgida na execução do contrato administrativo firmado entre a Companhia do Metropolitano de São Paulo – Metrô e o Consórcio TC linha 4 Amarela, para prestação de serviços de engenharia, visando concluir a fase 02 da linha 4 Amarela[93]. Como a obra con-

[93] SÃO PAULO. Secretaria Estadual dos Transportes Metropolitanos. Companhia do Metropolitano de São Paulo. **CONTRATO Nº 4107521301**. Disponível em: <https://aplic.

tou com financiamento do Banco Mundial, a constituição de um CRD foi uma exigência do financiador. Neste sentido, a cláusula 20.4 do contrato, ao tratar sobre o comitê, previa que: "*...A decisão será válida para ambas as Partes, que deverão prontamente executá-la, a menos até que a mesma seja revisada em um acordo amigável ou sentença arbitral...*".

Tratava-se, portanto, de um DAB, tendo as partes se comprometido a executar *prontamente* suas decisões. Durante a execução contratual, o comitê fora chamado a deliberar sobre algumas disputas formais apresentadas pelas partes. O Metrô manifestou sua insurgência contra uma destas decisões, que havia lhe imputado o pagamento proveniente da disposição de solo contaminado realizada pelo consórcio. Sem cumprir a decisão do comitê, o Metrô ajuizou uma "*ação declaratória de inexigibilidade de obrigação, cumulada com revisão de decisão de conselho de resolução de disputas, com pedido de liminar*", pleiteando, em sede de tutela de urgência, que fossem sustados os efeitos da decisão prolatada pelo CRD.

Importante citar que o Metrô se insurgia, tão somente, quanto ao mérito da decisão do comitê, não tendo apontado qualquer vício, extrínseco ou intrínseco, que por qualquer razão pudesse ocasionar a nulidade da referida decisão.

O Juízo de primeiro grau concedeu a tutela de urgência requerida e suspendeu os efeitos ou a eficácia da decisão do CRD. Em sua fundamentação, reconheceu o julgador que a decisão questionada teria conteúdo técnico, o que, em seu entender, "*postergaria sua melhor análise judicial para depois da instrução*[...]"[94]

Sem adentrar nas especificidades do caso concreto, a decisão liminar subverte completamente as razões de existência do CRD, e demonstra desconhecimento do instituto. Ora, é justamente porque as decisões do CRD possuem conteúdo técnico, e são emanadas por profissionais de alta qualificação, escolhidos pelas próprias partes, que se comprometeram a respeitá-las, que o *fumus boni iuris* milita em favor da manutenção da deli-

metrosp.com.br/as0001/frontendTransparencia/index.php/arquivo/view/id/16418>. Acesso 04 ago. 2021.

[94] TJSP. Processo nº 1014265-98.2018.8.26.0053, 12ª Vara da Fazenda Pública do Foro Central da Capital. Fl. 903. Disponível em: <https://esaj.tjsp.jus.br/cpopg/show.do?processo.codigo=1H000CL4E0000&processo.foro=53&processo.numero=1014265-98.2018.8.26.0053&uuidCaptcha=sajcaptcha_9e0147f2c2af4c489416e6be2ffd5dda&gateway=true.>. Acesso em: 05 ago. 2021.

beração do CRD, e não da sua suspensão. Ou seja, há que se privilegiar, numa primeira análise, justamente o caráter técnico da decisão.

Ademais, o perigo da demora também recomenda que a decisão do CRD seja mantida, pois as partes só elegem este mecanismo de resolução de controvérsias quando entendem que o cumprimento imediato das deliberações do comitê é vital para o sucesso do projeto. Logo, salvo em casos muito excepcionais, a suspensão da eficácia da decisão do CRD é que traz um grave risco ao objeto do contrato, conforme reconhecido pelas próprias partes ao pactuarem a modalidade de DAB.

A citada decisão, todavia, fora cassada pelo Tribunal de Justiça de São Paulo, em decorrência de agravo de instrumento manejado pelo consórcio. O Desembargador Relator destacou em seu voto que, muito embora seja plenamente possível o deferimento de tutela de urgência para suspender os efeitos de decisões do CRD, isto deve se dar em caráter de *exceção*, de modo que o acesso ao judiciário não represente um simples inconformismo para deixar de cumprir a decisão técnica tomada conforme o contrato, o que desnaturaria o instituto:

> As decisões proferidas pelo CRD do Metrô podem ser submetidas à apreciação do Poder Judiciário tanto com fundamento no art. 5º, XXXV da CF, quanto com base no Edital e Termo de Acordo que norteiam o contrato administrativo nº 4107521301. A concessão da tutela de urgência, por sua vez, é admitida desde que presentes os requisitos exigidos pela lei, isto é, a probabilidade do direito e o perigo de dano ou o risco ao resultado útil ao processo (CPC, art. 300, 'caput'), apreciados pelo juiz de acordo com seu livre convencimento.
>
> Presentes tais requisitos, nada obsta o deferimento da tutela antecipatória, sem que isso represente desprestígio ao relevante instituto do 'dispute board'; **mas a interferência judicial deve dar-se com moderação e em casos que fujam à normalidade, para que a resolução amigável não ser torne uma fase sem sentido ou eficácia ou que a vinda a juízo não represente mais que inconformismo com uma decisão fundamentada e, ao seu modo, correta. O edital e o contrato devem ser respeitados, salvo específico motivo aqui não demonstrado.** [95] (grifo nosso)

[95] SÃO PAULO. Tribunal de Justiça. Agravo de Instrumento nº 2096127-39.2018.8.26.0000. Rel. Des. TORRES DE CARVALHO. 10ª Câmara de Direito Público, julgado em 30/06/2018, DJe 17/08/2018.

Vale destacar a expressão utilizada no voto, de que a decisão era "*fundamentada e, ao seu modo, correta*". Esta expressão remete à ideia de *Rough Justice*, vista no *tópico 2.2*. A decisão da junta não deixará de estar correta acaso, ao fim da cognição exauriente, um órgão jurisdicional ou arbitral venha a reformá-la. A sua finalidade não era entregar a "*justiça perfeita*", mas a "*justiça possível*" diante da celeridade que o contrato exige para que o projeto não seja paralisado. Por isso que se trata de uma decisão "*ao seu modo, correta*", ainda que posteriormente venha a ser modificada.

Isto só reforça a excepcionalidade que deve imperar sobre a intervenção liminar dos órgãos jurisdicionais nestas decisões. Afinal, foram as partes que escolheram livremente que estas decisões deveriam prevalecer até que fossem eventualmente substituídas por decisões judiciais ou arbitrais de cognição exauriente.

Assim como ocorreu com arbitragem, acompanha-se com muita expectativa estas primeiras decisões judiciais que tratam sobre o tema. É fundamental que os órgãos judiciais confiram a indispensável segurança jurídica para que as partes possam adotar este instrumento, se assim desejarem. O desconhecimento das peculiaridades e razões de existência do DB pode fazer com que disputas judiciais que tenham o mecanismo como pano de fundo sejam jogadas na "vala comum" dos processos cíveis ordinários, que tendem a se arrastar por anos sem resolutividade, acirrando o conflito cada vez mais com o passar do tempo.

Quando as partes optaram por submeter suas divergências a um CRD, elas manifestaram que não desejavam passar por isso. Ao menos, que não desejavam passar por isso com o contrato paralisado. Esta decisão, plenamente válida diante da autonomia de vontade, deve ser respeitada e, mais que isso, protegida pela justiça estatal e arbitral, impedindo que o acesso à jurisdição seja utilizado de maneira oportunística e de má-fé. Relembre-se que o comitê é uma "criatura do contrato", que existe para protegê-lo de interferências indevidas, mesmo que provocadas pelas próprias partes.

Ainda assim, em três hipóteses a intervenção judicial/arbitral precoce seria justificável: (i) risco real de perecimento do direito; (ii) sérios indícios de ausência de imparcialidade dos membros do comitê; ou (iii) demonstração da ocorrência de nulidades insanáveis no procedimento decisório do comitê. Mesmo nestes casos, a oitiva da parte contrária, e até mesmo dos membros do comitê, se revela uma medida fundamental antes do deferimento da liminar.

Lado outro, após a cognição exauriente, não há qualquer óbice de que a decisão do comitê seja integralmente revisada, o que em nada desnatura o mecanismo, que, diferentemente da arbitragem, não se presta a estabelecer decisões definitivas e irrecorríveis. Ocorre que, mesmo nestes casos, em que a deliberação do CRD venha a ser posteriormente reformada, o contrato já estará, na maioria das vezes, cumprido, e a discussão se limitará às questões indenizatórias. O ganho para todas as partes, inclusive para o órgão julgador, é evidente, posto que não se fará necessário enfrentar as nefastas consequências advindas da paralisação do contrato ao longo do processo.

3.7.2. Tribunal de Contas da União

Em 08 de dezembro de 2020 o Plenário do Tribunal de Contas da União (TCU) apreciou, pela primeira vez, a viabilidade de inclusão de cláusulas de *Dispute Board* em contratos administrativos[96]. Na ocasião, aprovou-se, com ressalvas, os estudos de viabilidade de quatro concessões rodoviárias, BR 153/080/414/GO/TO, BR-163/230/MT/PA, BR-153/TO/GO e BR-080/414/GO. Nos projetos apresentados pelo Ministério da Infraestrutura, diversas inovações haviam sido propostas, dentre elas o uso de *Dispute Board*, no formato *ad hoc*, podendo a junta emitir apenas recomendações (DRB).

Conforme consta no acórdãos 4036/2020 – PLENÁRIO[97] e 4037/2020 – PLENÁRIO[98], os Ministros do TCU, divergindo da área técnica, permitiram que as contratações estabeleçam o DB como um dos mecanismos de resolução de controvérsias. Determinou-se, apenas, que o mecanismo só seja efetivamente utilizado depois de ser editada uma regulamenta-

[96] A afirmação é feita com base em pesquisa realizada no repositório oficial da jurisprudência do TCU, na data de 05/11/2020, com os termos *"Dispute Board"*, *"Dispute Resolution Board"*, *"Comitê de Resolução de Disputas"* e *"Junta de Resolução de Disputas"*. Disponível em: <https://pesquisa.apps.tcu.gov.br/#/pesquisa/jurisprudencia>. Acesso em: 05 nov. 2020.

[97] BRASIL. Tribunal de Contas da União. Plenário. **ACÓRDÃO nº 4036/2020**. Brasília: Tribunal de Contas da União, 08 dez. 2021. Disponível em: <https://pesquisa.apps.tcu.gov.br/#/documento/acordao-completo/Dispute%2520Board/%2520/DTRELEVANCIA%2520desc%252C%2520NUMACORDAOINT%2520desc/3/%2520>. Acesso em: 15 nov. 2020

[98] BRASIL. Tribunal de Contas da União. Plenário. **ACÓRDÃO nº 4037/2020**. Brasília: Tribunal de Contas da União, 08 dez. 2021. Disponível em: <https://pesquisa.apps.tcu.gov.br/#/documento/acordao-completo/*/NUMACORDAO%253A4037%2520ANOACORDAO%253A2020/DTRELEVANCIA%2520desc%252C%2520NUMACORDAOINT%2520desc/0/%2520>. Acesso em: 15 nov. 2020.

ção própria pela ANTT. Trechos do voto do Ministro Relator do acórdão 4037/2020, Benjamin Zymler, demonstram o conhecimento do mecanismo e de suas potencialidades:

> Para encerrar o tópico, passo a tratar do Comitê de Resolução de Conflitos, muito utilizado em contratos complexos de média ou de longa duração. De acordo com a minuta do contrato, trata-se de mecanismo facultativo pensado para auxiliar a tomada de decisão da ANTT em questões de natureza eminentemente técnica, diante de situações concretas excepcionais e complexas. Seu escopo de atuação é restrito, se comparado com a abrangência da arbitragem e da autocomposição, e seus pronunciamentos são recomendatórios, ou seja, não vinculam a agência. Nesse ponto, aproxima-se muito do que se conhece internacionalmente por **dispute review board**.
>
> Salvo acordo em contrário, é composto por três membros, sendo um indicado pela autarquia, outro pela concessionária e um terceiro nomeado pelos dois membros designados pelas partes.
>
> O **dispute board** visa, em muitos casos, tanto a resolução quanto a prevenção de disputas, sendo composto por profissionais qualificados e independentes. O órgão geralmente é constituído no início do contrato para permitir um efetivo acompanhamento da execução do ajuste, tanto é que uma de suas vantagens, ao menos reconhecida na literatura, é a rapidez de seus pronunciamentos. A despeito disso, a minuta contratual optou pela sua instauração **ad hoc**, provavelmente para não impactar significativamente o fluxo de caixa do projeto. [...]
>
> Sobre a questão, inovações regulatórias são sempre bem-vindas, ainda mais no caso em apreço, em que está sendo introduzido no contrato um mecanismo internacionalmente utilizado para auxiliar nas soluções das controvérsias. Contudo, externo minha preocupação quanto à ausência de regulamentação de questões essenciais ao seu funcionamento, como a experiência a ser exigida dos membros do comitê, o procedimento interno da Agência e a definição das situações concretas excepcionais e complexas.
>
> Ainda que haja previsão na minuta de que os procedimentos para instauração e funcionamento do Comitê de Resolução de Conflitos deverão ser estabelecidos em comum acordo entre as partes, tenho que a matéria mereça um tratamento uniforme para todos os casos, sob pena de se promoverem indesejáveis diferenciações e questionamentos administrativos e judiciais intermináveis. Nesse sentido, ao tratar da autocomposição e da arbitragem, a

> própria ANTT regulamentou as condições de contorno desses institutos, ou seja, considerou insuficiente o vago art. 23-A da Lei 8.987/1995. [...]
>
> Portanto, proponho determinar a inclusão, na minuta contratual, de dispositivo prevendo que o uso do **dispute board** só ocorrerá após sua regulamentação pela agência e que eventual omissão desta não conferirá quaisquer direitos subjetivos à concessionária. (grifos no original)

Como visto, a preocupação externada pelo TCU, de que seja elaborada uma regulamentação prévia pela agência reguladora, está mais relacionada à necessidade de isonomia e uniformidade no uso do mecanismo pela ANTT, do que à insegurança jurídica para a adoção do DB, que havia sido apontada pela área técnica.

De fato, viu-se no *tópico 3.3* que já existe em nosso país base normativa suficiente para o uso do DB em contratos públicos, se é que isso fosse necessário. Demais disso, o DB não é uma ferramenta embrionária e pouco testada. Ao revés, vem sendo utilizado há décadas em diversos países, em obras públicas de grande vulto. Seu regramento já se encontra bastante consolidado em diversas instituições especializadas internacionais e nacionais. Some-se a isso a constatação de que, assim como ocorre na arbitragem, na ausência de um regulamento próprio que estabeleça, de forma minudente, todo o regramento a ser seguido, pode-se indicar o regulamento de alguma destas instituições especializadas para a administração do DB, ponto que será melhor explorado no *tópico 4.5.*

A área técnica do TCU havia apontado, ainda, que a opção pelo formato *ad hoc* poderia apresentar ineficiência, pela falta da agilidade requerida. É que, conforme ela apontou, o comitê só seria recrutado quando surgisse algum problema, ocasião em que os membros teriam que gastar tempo na compreensão das complexidades específicas da concessão, com suas interrelacionadas obrigações principais e acessórias, quando, finalmente familiarizados, buscariam a solução.

De fato, como visto no *tópico 2.5.2*, são inúmeras as vantagens do formato permanente em relação ao formato *ad hoc*. Nada obstante, esta conclusão justificaria uma recomendação de que o formato do DB fosse alterado no contrato, e não de que o DB fosse excluído, como feito pela área técnica. Todavia, o Plenário do TCU acabou não enfrentando a questão e validou a opção do formato *ad hoc*, desde que atendida a regulamentação prévia, sem adentrar nesta especificidade.

O TCU terá um papel fundamental para a consolidação e aprimoramento do DB em contratos públicos no Brasil. Espera-se, inclusive, uma vez que já detectou a perda de eficiência do formato *ad hoc,* que passe a estimular os gestores públicos a adotar o formato permanente de comitê. Agindo assim, a principal Corte de Contas do país, que diagnosticou o grave problema das obras públicas paralisadas, apontado no *tópico 3.1,* estará efetivamente contribuindo para seu enfrentamento e para o aperfeiçoamento da Administração Pública.

Em que pese a constatação feita, presume-se que, até que o mecanismo esteja devidamente maturado no Brasil, ainda haverá bastante ruído entre a atuação fiscalizatória dos Tribunais de Contas e a função adjudicativa do CRD, como analisado no *tópico 5.5.*

3.7.3. Operação "Pedra no Caminho"

Um caso emblemático envolvendo uma operação policial batizada de "Pedra no Caminho", conduzida pela Polícia Federal (PF) e pela, já extinta, força-tarefa do Ministério Público Federal (MPF) da Operação Lava Jato no Estado de São Paulo, ganhou destaque na mídia nacional alguns anos atrás. A operação apontou que gestores da empresa Desenvolvimento Rodoviário S.A. – DERSA, controlada pelo Estado de São Paulo, teriam apoiado de forma fraudulenta a celebração de aditivos nos contratos de construção do Trecho Norte do Rodoanel Mário Covas. A obra, embora conduzida pela DERSA, contou com recursos federais, o que justificou o envolvimento da PF e do MPF no caso.

Os aditivos contratuais impugnados previram o pagamento de remuneração específica para compensar as empreiteiras pelos custos adicionais incorridos com a remoção de rochas gigantes encontradas durante a execução das obras (matacões). A justificativa era de que o edital havia previsto apenas a retirada de material de 3ª categoria (terra, paus, pequenas pedras), dando ensejo ao reequilíbrio do contrato em favor das empreiteiras. Com isto não concordaram técnicos do TCU, a PF e o MPF, apontando que as empresas já estariam sendo remuneradas para a remoção das pedras, de modo que o aditivo configurava um pagamento em duplicidade.

Não é objeto desta obra efetuar uma análise crítica sobre a operação como um todo, até mesmo porque ela se desdobra sobre diversas condutas distintas, de vários réus, cada qual com suas peculiaridades. Ocorre que dentre as acusações feitas, uma possui absoluta relevância, e ocasionou grande preocupação, no que se refere ao uso do DB em contratos administrativos.

É que, como se tratava de uma licitação pública internacional, que contava com financiamento do BIRD, a constituição de uma junta de resolução de conflitos, com poderes para emitir decisões vinculativas, foi uma imposição do financiador, amparada no art. 42, § 5º, da Lei nº 8.666/1993. Conforme aponta relatório de avaliação da execução contratual produzido pela Fundação Instituto de Pesquisas Econômicas – FIPE, o contrato estabelecia as seguintes regras em relação à Junta de Conflitos[99]:

Formação da Junta de conflitos	• Formada por 3 membros nomeados pelas partes; • Profissional com experiência no tipo de construção; • Se nomeação não for acordada, será feita pelo CREA.
Decisão da Junta de Conflitos	• Qualquer conflito que envolva o contrato ou a execução das obras pode ser submetido à junta (incluindo conflito em relação a qualquer certificado, determinação, instrução, opinião ou avaliação do Engenheiro). • Decisões devem ser tomadas em 84 dias após o recebimento da comunicação ou em outro período sugerido pela junta e aprovado pelas partes. • Se uma das partes não concordar com a decisão, poderá, em 28 dias, notificar à outra parte sobre sua insatisfação e decisão de iniciar uma arbitragem. • Caso a junta não se manifeste em 84 dias ou no prazo acordado, qualquer uma das partes pode, em 28 dias, notificar a outra sobre a intenção de iniciar uma arbitragem. • Se nenhuma das partes enviar notificação relatando insatisfação sobre a decisão da Junta, a decisão será final e obrigatória.

Consta ainda no referido relatório, que o pedido de instauração da Junta se deu por iniciativa das construtoras, diante da decisão da DERSA de suspender os pagamentos pelos serviços de remoção dos matacões, além de determinar o estorno dos valores já pagos. Ocorre que a decisão final da Junta entendeu que os pagamentos eram, de fato, devidos, o que motivou a DERSA a notificar formalmente sua insatisfação com a decisão e intenção de iniciar uma arbitragem.

[99] FIPE. Avaliação dos contratos de obras e serviços do rodoanel norte. Relatório 3 (produto 2) – avaliação da execução contratual. **Fundação Instituo de Pesquisas Econômicas**. Dezembro/2018. Disponível em: <https://www.al.sp.gov.br/spl/2019/08/Acessorio/1000283030_1000290031_Acessorio.pdf>. Acesso: 12 ago. 2021.

Inobstante a resistência de pagamento demonstrada pela DERSA, seus dirigentes foram acusados de ter atuado em conluio com os representantes das empresas contratadas para realizar os pagamentos de forma ilícita. Chama atenção, todavia, que a denúncia apresentada pelo MPF sequer faz referência à existência de uma Junta de Resolução de Conflitos, quiçá à sua decisão, em qualquer uma de suas 40 (quarenta) páginas[100].

Há relatos, também, de que o Delegado Federal que atuou no caso teria classificado o valor dos trabalhos da Junta como "*infinitamente inferior ao valor probatório que deve ser dado aos trabalhos dos peritos e técnicos oficiais do TCU, CGU- Controladoria Geral da União e da Polícia Federal*".[101] Ou seja, não discutiu conteúdo, mas veiculou um juízo enviesado baseado numa suposta hierarquia institucional.

Não se trata de uma omissão irrelevante. Qualquer que seja o contrato, se um determinado aditivo é feito em cumprimento a uma decisão de um CRD com poderes para emitir deliberações vinculativas (DAB), das duas uma: ou inexiste qualquer ato volitivo das partes, que se limitaram a cumprir uma decisão obrigatória (ausência de dolo); ou os membros da Junta também participaram do conluio, e, havendo indícios disto, deveriam estar impreterivelmente incluídos na denúncia. São neste sentido, inclusive, duas previsões muito oportunas inseridas no art. 7º do PLS 206/2018, recentemente aprovado pelo Senado Federal[102]:

> Art. 7º Os membros do Comitê, quando no exercício de suas funções ou em razão delas, ficam equiparados aos agentes públicos para os efeitos da legislação penal e da Lei nº 8.429, de 2 de junho de 1992, não podendo, contudo, ser responsabilizados por quaisquer atos e omissões, **exceto quando agirem com dolo ou culpa grave ou mediante fraude**.
>
> Parágrafo único. Os servidores e empregados públicos que participarem do processo de composição extrajudicial do conflito pelo Comitê ou **derem cumprimento à respectiva recomendação ou decisão somente poderão ser responsabilizados civil, administrativa ou criminalmente quando agirem com dolo ou culpa grave ou mediante fraude.** (grifo nosso)

[100] Disponível em: <http://www.mpf.mp.br/sp/sala-de-imprensa/docs/ftlj_sp_denuncia_operacao_pedra_versao _final-revisada.pdf/>. Acesso em: 12.08.2021.

[101] Conforme relatam, em nota de rodapé, MONTEIRO, Vera; REIS, Amaral. Os tipos de gestores públicos brasileiros. **Jota**. 12 set. 2018. Disponível em: <https://www.jota.info/opiniao-e-analise/artigos/os-tipos-de-gestores-publicos-brasileiros-12092018>. Acesso em: 13 ago. 2021.

[102] BRASIL. Senado Federal. *Loc cit.*

Embora se trate de norma ainda não vigente, ela não chega, na verdade, a trazer qualquer inovação, mas apenas reitera de forma explícita o que já existe no atual ordenamento jurídico. Neste aspecto, a investigação policial, e a denúncia posterior, revelam, no mínimo, um completo desconhecimento do instituto do CRD, com consequências severas. Vale lembrar que o ex-diretor presidente da DERSA ficou preso por mais de 60 (sessenta) dias, só tendo sido solto através de *habeas corpus* concedido pelo STF[103].

Ocorre que a prisão de um gestor público em decorrência deste ter simplesmente cumprido uma decisão do DAB – mesmo que tenha formalizado sua irresignação e manifestado sua intenção acessar a arbitragem –, para além de uma imensa injustiça com o indivíduo, ocasiona prejuízos sociais severos. O primeiro deles é a paralisação ou atraso na conclusão do projeto, o que de fato se observou no caso narrado[104].

De outra banda, o Brasil perde credibilidade com a comunidade internacional para obtenção de novos financiamentos, tão imprescindíveis no atual cenário de recursos escassos. Há um sentimento de que os órgãos de controle nacionais não compreendem, ou, pior que isso, ignoram propositalmente normas contratuais que são padronizadas nas contratações internacionais. Isto afeta, invariavelmente, a análise de risco e a própria disposição dos organismos internacionais de financiamento de participar de novos projetos. Não bastasse isto, a mensagem que o caso passa aos demais gestores é um grande desestímulo à utilização do DB[105].

No Brasil, o que se observa muitas vezes são estímulos negativos aos gestores públicos que buscam o caminho da inovação e da consensualidade. Ainda é mais seguro para o gestor a conduta de litigar contra qualquer coisa, recorrer de tudo, procrastinar, aguardar passivamente a conclusão dos intermináveis processos litigiosos, enquanto a obra fica paralisada.

[103] Coelho. Gabriela. Gilmar solta ex-secretário de Transportes de São Paulo por falta de provas. **Consultor Jurídico.** 5 set. 2018. Disponível em: <https://www.conjur.com.br/2018-set-05/gilmar-manda-soltar-ex-presidente-dersa-acusado-fraude>. Acesso 12 ago. 2021.

[104] Lobel, Fabrício. Gestão França quer congelar por 18 meses as já atrasadas obras. **Folha de São Paulo.** 26 set. 2018. Disponível em: <https://www1.folha.uol.com.br/cotidiano/2018/09/gestao-franca-quer-congelar-por-18-meses-as-ja-atrasadasobras-do-rodoanel-norte.shtml>. Acesso em: 12 ago. 2021

[105] Vide, neste sentido: Higídio. José. Após 3 anos, caso do Rodoanel em SP levanta polêmica sobre juntas de conflitos. **Consultor Jurídico.** 4 jul. 2021. Disponível em: <https://www.conjur.com.br/2021-jul-04/rodoanel-levanta-polemica-juntas-conflitos>. Acesso: 12 ago. 2021.

Cabe aqui uma breve análise do Direito comparado, tão somente para demonstrar como a própria legislação pode gerar estímulos opostos.

A Lei peruana nº 30.225/2014, denominada *Ley de Contrataciones del Estado,* regulamentada pelo DECRETO SUPREMO Nº 344-2018-EF[106], adotou o DB como ferramenta obrigatória para a solução de conflitos durante a execução dos contratos de construção que tenham o Estado como contratante. Em seu *Artículo 251, item 251.4,* o Decreto estabelece que o gestor encarregado, ***sob pena de responsabilidade,*** somente poderá submeter as decisões do comitê à arbitragem após uma análise criteriosa de custo-benefício, em que sejam ponderados os custos de tempo e recursos para o acesso da via arbitral, assim como a expectativa de êxito e os riscos de não acatar a decisão da Junta. Toda esta avaliação deve constar de um relatório técnico devidamente fundamentado.[107] Ou seja, através desta norma, é o gestor que recorre de forma injustificada e procrastina o cumprimento da decisão do CRD que pode vir a ser responsabilizado.

Voltando à realidade brasileira, acredita-se que o desconhecimento e a desconfiança para com o CRD serão vencidos paulatinamente, para que casos como o descrito não se repitam. Não é demais lembrar, inclusive, que a própria conduta dos agentes públicos componentes dos órgãos de controle pode vir a ser entendida como um erro grosseiro[108], que permite a responsabilização pessoal, ou mesmo como eventual crime de abuso de autoridade[109].

[106] PERU. DECRETO SUPREMO Nº 344-2018-EF, de 29 de dezembro de 2018. Reglamento de la Ley N° 30225, Ley de Contrataciones del Estado. **Diario oficial del estado del Perú**, Lima, 31 dez. 2018. Disponível em: <https://diariooficial.elperuano.pe/pdf/0022/tuo-ley-30225.pdf>. Acesso em: 29 jun. 2021.

[107] "251.4. Bajo responsabilidad, el Titular de la Entidad o el servidor en quien este haya delegado tal función evalúa la conveniencia o no de someter a arbitraje las decisiones de la Junta de Resolución de Disputas considerando criterios de costo-benefi cio y ponderando los costos en tiempo y recursos de recurrir a la vía arbitral, así como la expectativa de éxito en dicha vía y los riesgos de no adoptar la decisión. Dicha evaluación está contenida en un informe técnico legal debidamente fundamentado." (DECRETO SUPREMO Nº 344-2018-EF, de 29 de dezembro de 2018)

[108] **"**Art. 12. O agente público somente poderá ser responsabilizado por suas decisões ou opiniões técnicas se agir ou se omitir com dolo, direto ou eventual, ou cometer erro grosseiro, no desempenho de suas funções. § 1º Considera-se erro grosseiro aquele manifesto, evidente e inescusável praticado com culpa grave, caracterizado por ação ou omissão com elevado grau de negligência, imprudência ou imperícia. " (Decreto nº 9.830, de 10 de junho **de 2019)**

[109] "Art. 27. Requisitar instauração ou instaurar procedimento investigatório de infração penal ou administrativa, em desfavor de alguém, à falta de qualquer indício da prática de

Os órgãos de controle possuem um papel fundamental não apenas na fiscalização e prevenção dos desvios, mas também de colaboração para o fortalecimento e o aprimoramento dos instrumentos contratuais e de governança que aumentem a eficiência da Administração em suas contratações. Afinal, o DB é um instrumento testado e consolidado de forma sólida no cotidiano dos países desenvolvidos. Seus resultados concretos alcançados em todo mundo comprovam seu índice de eficácia.

Se no Brasil esta realidade não se confirmar, será por incapacidade nossa de se adaptar. É preciso evoluir a concepção de que todas as soluções que envolvem a Administração Pública devem vir de uma normatização extenuante, dos agentes públicos, e da burocracia consequente.

crime, de ilícito funcional ou de infração administrativa: Pena – detenção, de 6 (seis) meses a 2 (dois) anos, e multa." (Lei nº 13.869, de 5 de setembro de 2019)

4
RECOMENDAÇÕES PARA ESTRUTURAÇÃO DA CLÁUSULA DE CRD EM CONTRATOS PÚBLICOS

No *capítulo 2* foram analisadas as características básicas do DB, suas diferentes espécies e a efetividade demonstrada ao longo de vasta experiência internacional. Já no *capítulo 3*, pudemos verificar as razões que justificam seu uso pela Administração e as características de uma contratação que balizam sua escolha. Além disso, foram analisados os desafios práticos que vêm sendo enfrentados para a sua implementação efetiva no Brasil.

Com base nas conclusões oriundas destas análises, serão tecidas sugestões de caráter propositivo para orientar uma escolha mais assertiva por parte dos gestores públicos na modelagem de uma cláusula de CRD equilibrada e eficiente.

Assim como na arbitragem, a redação das cláusulas de CRD deve merecer a máxima atenção e reflexão, buscando-se evitar, tanto quanto possível, cláusulas inadequadas ou incompletas. Via de regra, vícios de redação provocam prejuízo em qualquer cláusula contratual. Todavia, em se tratando de um mecanismo de governança contratual e solução de controvérsias, o prejuízo é ainda maior, de modo que a inadequação, ou incompletude, pode até mesmo inviabilizar o uso do mecanismo pelas partes. Pior que isso, pode possibilitar que uma das partes, de má-fé, se aproveite do vício para postergar o cumprimento de uma obrigação contratual ou a resolução de uma disputa. Dito de outra forma: o defeito de redação da cláusula pode fazer com que o "remédio" se torne um "veneno".

O CRD, quando adotado o formato permanente, é um instrumento de governança que colabora para o equilíbrio contratual. Se as regras de sua atuação forem falhas, por certo que toda a gestão contratual estará comprometida. Augusto Barros e Ricardo Medina apontam que, em se tratando de cláusulas de *Dispute Boards*, havendo inconsistência se coloca em risco o próprio objeto do contrato, eis que a função primordial de tal mecanismo é resguardar o objeto do contrato, e não os interesses individuais de cada parte.[110] Complementam os autores apontando que:

> Os problemas verificados nas cláusulas de *dispute boards* são diversos, sendo os mais comuns a ausência ou a falta de clareza quanto à definição de quais controvérsias estarão sujeitas ao mecanismo, da modalidade (*dispute review board, dispute adjudication board, combined dispute board*), da espécie (permanente ou *ad hoc*), do regulamento ou das regras aplicáveis e das consequências de descumprimento de uma decisão proferida pelo comitê[111].

Um grande erro que se observa é a replicação de cláusulas de um contrato anterior sem a devida adequação para a realidade do contrato atual. Um comitê *ad hoc*, por exemplo, pode fazer sentido para um contrato de menor valor, mas não seria indicado para contratos com alto grau de complexidade. Da mesma forma, as regras criadas para um contrato de curta duração podem se mostrar insuficientes para os contratos de longa duração, em que haverá provável mudança da composição do comitê ao longo da execução contratual.

Outra origem comum deste problema é que muitas vezes as partes já gastaram tanta energia na redação das cláusulas negociais (objeto, preço, garantias, etc.) que deixam de concentrar o mesmo esforço nas cláusulas de resolução de controvérsias. Há um otimismo exagerado, e até inocente, de que estas cláusulas sequer serão aplicadas, dado que a execução contratual ocorrerá de forma harmônica. A Administração Pública, todavia, sequer pode se valer desta desculpa, na medida em que elabora as cláusulas contratuais de forma unilateral.

Logo, é muito importante que os gestores e advogados públicos entendam perfeitamente os limites, possibilidades e consequências de cada opção adotada, de modo a escolher aquela que melhor se amolda às caraterísticas do contrato. Não existe um modelo perfeito que seja ideal para qualquer tipo de contratação. A correta compreensão das peculiaridades de cada espécie de CRD possibilitará que seja adotado o formato mais adequado ao projeto em elaboração.

[110] FIGUEIREDO, Augusto Barros de; SALLA, Ricardo Medina. Op. cit., p.60.

[111] Ibidem.

4.1. Etapa 1 – Formato do comitê permanente ou *ad hoc*

A primeira decisão que deve ser tomada quando se quer fazer uso do CRD em algum contrato é estabelecer se o mesmo funcionará no seu formato "clássico", que é o formato permanente, ou no seu formato *ad hoc*. Trata-se de uma decisão fundamental que irá impactar completamente a forma de atuação do comitê. No primeiro caso, ele atuará de forma preventiva e reativa, auxiliando a gestão contratual e promovendo a resolução de disputas. Já no segundo, atuará de forma apenas reativa, como um mecanismo de resolução de disputas.

Augusto Barros e Ricardo Medina apontam que o formato *ad hoc* é um formato "*desnaturado*" de *Dispute Board*[112], citando um estudo que comprovaria a grande diferença de eficácia entre os dois modelos:

> Um outro interessante caso é o relativo à uma apresentação sobre a análise de disputas ocorridas em um universo de 231 projetos com previsão de uso de *Dispute Boards*, tanto no formato permanente como no formato ad hoc. **O estudo constatou que 14,05% das decisões proferidas por um Dispute Board ad hoc foram contestadas posteriormente em arbitragem contra 0,53% das decisões de um *Dispute Board* Permanente com poderes para também atuar na prevenção de disputas e 2,97% das decisões de um *Dispute Board* Permanente sem poderes para atuar também na prevenção de disputas**. (grifo nosso) [113]

O estudo citado demonstra, todavia, que apesar da eficácia apresentada pelos comitês permanentes ser muito superior, os comitês *ad hoc* também apresentam um índice de resolutividade bastante elevado, de modo que não devem ser desconsiderados como opção para projetos que assim justifiquem.

Como demonstrado no *tópico* 2.5.2, são diversas as vantagens do comitê permanente sobre o comitê *ad hoc*. O próprio TCU assim já reconheceu

[112] FIGUEIREDO, Augusto Barros de; SALLA, Ricardo Medina. Op. cit., p.54. Conforme apontam os autores, na nota de rodapé nº 57, o *Dispute Board* ad hoc seria "*Desnaturado por afastar-se da ideia original que inspirou a criação do método, mas que não por isso deve ser desconsiderado como uma opção.*"

[113] Ibidem, p. 43. Na nota de rodapé nº 33 os autores informam que: "o estudo foi apresentado por Lindy Patterson e Jim Perry, ambos ex-presidentes da Dispute Resolution Board Fundation (DRBF), quando da reunião da Taskforce de Infraestrutura da Comissão de Arbitragem e Mediação da CCI Brasil, em junho de 2020."

(*tópico 3.7.2*). Apesar disto, ainda são raros os contratos públicos que adotam o formato permanente e, quando o fazem, é por exigência do agente financiador. Compreende-se que o modelo *ad hoc* possa gerar menor apreensão aos gestores públicos, na medida em que possui maior semelhança com MESCs habituais, como a arbitragem. É preciso, todavia, aclarar que o formato original de DB é o formato permanente; que este é formato que vem sendo adotado nas grandes obras públicas internacionais, ao longo de décadas; que este é o formato indicado por organismos internacionais que estudam as melhores práticas de contratação (FIDIC, ICC, etc.); e que o Brasil não terá uma experiência concreta sobre *Dispute Boards* enquanto não ampliar o número de projetos que utilizem comitês permanentes.

De qualquer jeito, seja qual for a escolha feita, é indispensável que ela esteja muito claramente definida na cláusula de CRD. Alguns regulamentos de câmaras arbitrais e de mediação estabelecem, inclusive, que na ausência de estipulação da espécie do comitê, este será permanente[114].

Na verdade, os modelos são tão diferentes que não se trata de apenas indicar o formato escolhido em alguma subcláusula. Toda a estruturação da cláusula, do início ao fim, já deve ser feita baseando-se no modelo escolhido. Isto afetará, até mesmo, a forma de custeio do CRD (vide *tópico 4.5.1*). Não é possível regulamentar de maneira uniforme um instrumento de governança contratual – que atuará ao longo de toda a execução contratual – e um instrumento de resolução de disputas – que funcionará, tão somente, pelo tempo necessário para o encontro de uma solução negociada ou imposta.

Até mesmo o foco do trabalho do comitê muda a depender do formato adotado. No formato permanente o comitê também atua para resolver conflitos, mas o seu escopo maior de atuação é a preservação do objeto do contrato. Já no formato *ad hoc* o comitê trabalha para resolver uma disputa determinada, ficando mais restrito aos contornos fático-jurídicos da demanda que lhe fora apresentada, e aos pedidos feitos pelas partes.

Diante de tamanhas diferenças, o que se recomenda é que a escolha do formato permanente ou *ad hoc* seja o ponto de partida, de modo que toda a estruturação das demais regras seja feita especificamente para o formato escolhido.

[114] Neste sentido é o art. 2.10 do Regulamento do CAM-CCBC e o art. 2.5 do Regulamento do Comitê de Prevenção e Solução de Controvérsias da Câmara CIESP/FIESP.

4.2. Etapa 2 – Modalidade de CRD quanto ao caráter vinculante das decisões

A segunda decisão mais relevante a ser tomada na estruturação de um DB é sobre o caráter vinculante das deliberações que serão tomadas pela junta. Recomenda-se aqui o retorno ao *tópico 2.5.3*, em que foram analisadas as vantagens e desvantagens de cada modelo, e os argumentos que geralmente são levantados a favor do uso de cada um deles.

Em relação aos contratos públicos, todavia, cumpre reforçar o importante alerta feito por Cyrill Chern[115], no sentido de que recomendações não vinculantes do comitê irão trazer pouca segurança jurídica aos gestores públicos em relação à pagamentos. A incipiente experiência nacional (vide *tópico 3.7.3*) já demonstrou que gestores tiveram problemas com órgãos de controle até mesmo quando se limitaram a cumprir determinações vinculantes de um DAB. O que não se dirá, então, de uma mera recomendação de um DRB.

Outro ponto de relevo é que a escolha da modalidade de DB afetará diretamente o nível de risco do contrato. Assim como ocorreu quando a arbitragem passou a ser adotada nos contratos públicos, a estipulação de um comitê que pode emitir decisões vinculantes tem um potencial muito maior de gerar segurança jurídica ao parceiro privado, podendo influenciar, inclusive, sua disposição de participar da contratação. Ademais, a simples possibilidade de que o comitê venha a emitir decisões vinculantes já serve de um importante incentivo para o cumprimento voluntário de simples recomendações, ou mesmo orientações informais, que venham a ser emitidas pelo comitê.

Vale relembrar, também, que para que um contrato possa ser classificado com um contrato FIDIC é indispensável que esteja previsto um DB com função adjudicativa, salvo eventual vedação da lei de regência do contrato (vide *tópico 2.6.1*).

Seja qual for a escolha da modalidade de CRD, o fundamental é que as regras estejam muito bem definidas na cláusula, de modo a reduzir a natural desconfiança que paira sobre o processamento de conflitos envolvendo a Administração Pública. Além disso, é altamente recomendável que a modalidade seja escolhida de forma prévia à contratação, quando ainda inexiste qualquer tipo de divergência entre as partes. Por óbvio que

[115] CHERN, Cyril. Op. cit., p. 8.

se esta escolha for postergada para um momento futuro, a vontade das partes estará afetada pelos aspectos práticos do caso concreto, e pelo juízo que façam da probabilidade de êxito do seu pleito.

Cumpre aqui, ainda, fazer o importante alerta de que alguns regulamentos de câmaras de arbitragem e mediação não estabelecem solução para o caso de o contrato não ter previsto a modalidade de DB e as partes não chegarem num consenso[116]. Logo, se este fato ocorrer e o contrato tiver adotado as regras de algumas destas câmaras para processamento do DB, simplesmente não será possível a sua utilização. Ou seja, a omissão poderá trazer uma barreira incontornável ao uso do mecanismo.

4.2.1. Função adjudicatória do CRD e inexistência de afronta ao princípio da legalidade

Há quem defenda que, na ausência de uma disposição legal que expressamente autorize, não poderia ser adotado um comitê com função adjudicatória (DAB ou CDB) nos contratos públicos. Isso porque "*os atores envolvidos na persecução da harmonia entre os contratantes estarão munidos dos mesmos poderes conferidos a um juiz estatal togado*"[117], o que afrontaria o Princípio da Legalidade. Este é o entendimento de Renata Faria Lima:

> Contudo, a aplicabilidade aos contratos públicos firmados no Brasil dos *DBs* dotados de poder para emitir decisões vinculativas merece reflexão. Isso porque, diferentemente do que ocorre com as decisões exaradas em sede de arbitragem, cuja obrigatoriedade no cumprimento é prevista em expressa disposição legal, contido no art. 31 do diploma n. 9.307/96, não há instrumento legal específico que assegure a executoriedade dessas outras decisões finais não judiciais provenientes dos demais mecanismos privados para solução de disputas, aí incluídos os comitês de solução de controvérsias ou dispute *boards*. Assim, uma cláusula que estabeleça ser final a decisão de um dispute *board* poderia ser tomada como incompatível com o ordenamento jurídico brasileiro, em especial, com o princípio da legalidade que rege a Administração Pública.[118]

[116] Cite-se, neste sentido, os Regulamentos da CCI e da CIARB.

[117] RIBEIRO, Ana Paula Brandão; RODRIGUES, Isabella Carolina Miranda. Op. cit., *p. 15.*

[118] LIMA, Renata Faria Silva. Contratos administrativos: mecanismos privados para resolução de disputas. *In:* BATISTA JÚNIOR, O. A.; ARÊDES, S. N.; MATOS, F. N. de. (Coord.). ***Contratos administrativos* (estudos em homenagem ao Professor Florivaldo Dutra de Araújo)**. Belo Horizonte: Fórum, 2014, p. 278.

Em consonância com esse entendimento, Gilberto José Vaz lista algumas outras circunstâncias que, no seu entender, poderiam ser um impasse à utilização dos DBs na figura do adjudicador em contratos administrativos:

> Nesse mesmo diapasão, as decisões finais e mandatórias dos *Dispute Boards* ainda poderiam ser desafiadas face a conflitos com inúmeros outros preceitos legais de ordem pública, tais como, por exemplo: (a) prazos estendidos de defesa garantidos à Administração Pública pelo CPC, os quais, *prima facie*, não poderiam ser derrogados pelos prazos de manifestação estabelecidos nos procedimentos de *DB* dos organismos internacionais; (b) leis de procedimento administrativo que eventualmente prevejam o poder-dever do Estado de analisar pedidos dentro de passos procedimentais específicos, que, a princípio, não se coadunariam com a relativa informalidade das normas procedimentais dos *DBs*, traço que, aliás, é justamente o que confere agilidade e eficácia a esse método de solução de controvérsias; e (c) normas prescricionais especiais, que não poderiam ser derrogadas por prazos prescricionais estabelecidos em procedimentos de *DBs*, como é o caso, por exemplo, dos exíguos 84 dias franqueados pelo Banco Mundial para que a parte descontente com as decisões do *Dispute Board* notifique a outra parte de sua intenção de instaurar procedimento arbitral.[119]

Trata-se, todavia, de um equívoco. Em primeiro lugar, é preciso rechaçar a ideia de que um comitê com atribuição adjudicatória estaria exercendo função jurisdicional. Ao longo desta obra, tem sido enfatizado que, qualquer que seja a modalidade de CRD, a decisão final sobre uma determinada controvérsia *sempre será da jurisdição* estatal ou arbitral. Da mesma forma, os gestores públicos não transferem a particulares o poder decisório sobre o comportamento da Administração. Assim como no DRB, caberá exclusivamente à Administração a decisão sobre submeter-se voluntariamente à decisão do comitê, ou não. A única diferença é que, em sendo pactuado um DAB ou CDB, a Administração assume o compromisso de adotar um determinado comportamento (cumprir provisoriamente a decisão) enquanto não sobrevier uma decisão jurisdicional diferente.

[119] VAZ, Gilberto José. NICOLI, Pedro Augusto Gravatá. **Os Dispute Boards e os contratos administrativos: são os DBs uma boa solução para disputas sujeitas a normas de ordem pública?** Revista de Arbitragem e Mediação, São Paulo, vol. 38. 2013, p. 142.

De fato, as partes assumem uma simples obrigação condicional de cumprirem a decisão do comitê caso essa venha a ser proferida dentro do procedimento estabelecido no contrato. Não há qualquer impedimento de que sejam assumidas obrigações condicionais em contratos públicos, desde que respeitados os princípios da Administração e os limites estabelecidos pela teoria geral dos contratos. Isto porque, a teor do art. 89 da Lei nº 14.133/2021, que replica o art. 54 da Lei nº 8.666/1993, os princípios da teoria geral dos contratos e as disposições de direito privado são aplicáveis supletivamente aos contratos públicos.[120]

Nesta linha de ideias, o art. 122 do Código Civil[121] admite, com alargada aceitação, a estipulação de cláusulas condicionais em contratos. Excetuam-se, tão somente, aquelas que sejam contrárias à lei, ordem pública ou aos bons costumes – que já estariam vedadas à Administração pelos princípios da legalidade e da moralidade –; e as condições que privarem de todo efeito o negócio jurídico, ou o sujeitarem ao puro arbítrio de uma das partes.

A cláusula de CRD, todavia, seja qual for o seu formato, não se enquadra em qualquer destas exceções. Ela não afronta qualquer lei ou costume, mas, ao revés, encontra-se em sintonia com as melhores práticas internacionais de contratação, como já se viu. Também não se pode dizer que ela limite, de qualquer forma, o negócio jurídico, pois sua finalidade é justamente oposta, a de contribuir para que o negócio atinja efeitos plenos, conforme clausulado. Por fim, nenhuma parte está sujeita ao puro arbítrio da outra, eis que as decisões são tomadas por profissionais especialistas imparciais, que foram escolhidos, de forma isonômica, por ambas as partes.

Outra falsa impressão é a de que a Administração estaria abrindo mão de prerrogativas em benefício exclusivo do contratado. O benefício é mútuo, eis que se a decisão for favorável à Administração, o contratado estará igualmente obrigado a cumprir esta decisão de forma imediata, mesmo que venha a questioná-la na via adequada. Trata-se de uma previsão relevante para obrigar o contratado, por exemplo, a não paralisar as

[120] "Art. 89. Os contratos de que trata esta Lei regular-se-ão pelas suas cláusulas e pelos preceitos de direito público, e a eles serão aplicados, supletivamente, os princípios da teoria geral dos contratos e as disposições de direito privado." (Art. 89 da Lei Federal nº 14.133, de 1º de abril de 2021)

[121] "Art. 122. São lícitas, em geral, todas as condições não contrárias à lei, à ordem pública ou aos bons costumes; entre as condições defesas se incluem as que privarem de todo efeito o negócio jurídico, ou o sujeitarem ao puro arbítrio de uma das partes." (Art. 122 da Lei Federal nº 10.406, de 10 de janeiro de 2002, Código Civil)

obras, prática esta que pode ser utilizada como subterfúgio para pressionar a Administração a elaborar algum aditivo contratual. Ou seja, ambas as partes se beneficiam potencialmente deste tipo de cláusula.

Além do exposto, não se pode aceitar os argumentos de que um CRD com natureza adjudicatória afrontaria normas de ordem pública que conferem privilégios processuais, regulam processos administrativos e prazos prescricionais para a Administração. Acaso seja instaurado um processo judicial, os privilégios processuais da Administração continuarão a existir normalmente, sem que haja influência do CRD sobre isso. Não há no caso, também, a instauração de qualquer processo administrativo, mas o simples cumprimento de cláusulas contratuais. Por fim, a hipótese não ilustra o transcurso de qualquer prazo prescricional. Ao pactuar um DAB/CDB em que as partes se comprometem a tornar definitiva a decisão do comitê caso não haja manifestação de oposição num determinado prazo, a Administração não está reduzindo nenhum prazo prescricional de forma antecipada, o que seria ilícito.

Na verdade, esta cláusula apenas confere um efeito constitutivo ao eventual silêncio administrativo, qual seja, o de se considerar que houve a aceitação da referida decisão pela Administração de forma tácita. Logo, o que impedirá discussão futura desta decisão não é propriamente o decurso do tempo, mas a vedação ao comportamento contraditório, eis que, salvo em casos excepcionais, a Administração não poderia discutir o mérito de uma decisão que acatou de forma expressa ou tácita.

Importante lembrar, inclusive, que o ordenamento jurídico pátrio já começou a prever, de forma expressa, hipóteses em que o silêncio administrativo gera efeito constitutivo, como, por exemplo, na Lei nº 13.874/2019, que institui a Declaração de Direitos da Liberdade Econômica.[122]

Por todos estes argumentos, constata-se que a pactuação do CRD, em qualquer uma de suas modalidades, não afronta o princípio da legalidade ou qualquer norma de ordem pública.

[122] "Art. 3º [...] IX – ter a garantia de que, nas solicitações de atos públicos de liberação da atividade econômica que se sujeitam ao disposto nesta Lei, apresentados todos os elementos necessários à instrução do processo, o particular será cientificado expressa e imediatamente do prazo máximo estipulado para a análise de seu pedido e de que, transcorrido o prazo fixado, o silêncio da autoridade competente importará aprovação tácita para todos os efeitos, ressalvadas as hipóteses expressamente vedadas em lei;" (Artigo 3º, IX, da Lei Federal nº 13.874, de 20 de setembro de 2019).

4.3. Etapa 3 – Número de membros e critérios de escolha e substituição

Outra decisão relevante a ser tomada diz respeito ao número de membros do comitê, na medida em que esta escolha interfere diretamente nos custos de funcionamento do CRD, e na própria estruturação decisória da junta. Retoma-se aqui a análise das vantagens e desvantagens de cada formatação, feita no *tópico 2.5.1.*

Seja qual for o modelo adotado, o importante é que o número de membros do comitê esteja definido com clareza na cláusula, na medida em que, na falta de definição ou consenso, alguns regulamentos das câmaras de arbitragem e mediação apontam que o comitê será composto por três membros[123].

A opção de um CRD de membro único deve ser muito bem refletida em contratos públicos. Se o contrato não possui volume financeiro que justifique a contratação de um CRD com 3 membros, provavelmente é um caso em que o CRD não deveria nem ser adotado. A opção pelo membro único coloca no gestor público um grau bem maior de responsabilidade sobre a escolha a ser feita. Além disso, será difícil encontrar um membro que goze da confiança e credibilidade de ambas as partes. E como esta escolha é feita em conjunto com o contratado, pode-se questionar uma quebra no sistema de *compliance* e integridade da Administração Pública. Melhor, então, evitar este tipo de formatação, ao menos enquanto o uso do mecanismo é incipiente no Brasil.

Não há dúvidas de que a escolha adequada dos membros do comitê é vital para o sucesso do procedimento. Dentre as características dos profissionais que usualmente são apontadas como fundamentais para o bom desenvolvimento dos trabalhos, pode-se destacar o elevado nível técnico, experiência comprovada na área objeto do contrato, reputação ilibada e disponibilidade ao projeto.

É preciso, todavia, que o contrato preveja, o mais detalhadamente possível, os atributos mínimos exigidos dos membros e a sistemática de sua escolha. Via de regra, o que se observa é que a formação do comitê ocorra de modo semelhante à arbitragem: cada parte indica um membro e os dois em conjunto indicam um terceiro, que assumirá as funções de presidente do comitê. Caso haja algum empecilho na indicação de algum membro, é prudente que a cláusula aponte uma autoridade nomeadora, o que poderá

[123] Vide, neste sentido, o art. 3.8 do Regulamento da CAM-CCBC e o art. 3.3 da CAMARB.

ser suprido pela indicação de alguma instituição especializada para gerir o mecanismo, hipótese em que esta assumirá a função.

Como a escolha de cada parte é pessoal, é extremamente importante que a cláusula já aponte, de forma objetiva, a formação técnica mínima e/ou experiência comprovada que cada membro deverá possuir, de modo a se evitar que membros sem a devida qualificação participem do comitê.

Outro ponto de atenção é a exigência de que ao menos um membro do comitê detenha formação jurídica. Trata-se de uma opção altamente recomendável. A atuação do comitê sempre irá demandar, ainda que de forma indireta, a interpretação de cláusulas contratuais. Além disso, em se tratando de contratos administrativos, é mais provável a existência de normas de ordem pública que podem afetar de forma cogente a execução contratual. Ressalte-se, também, que diante dos princípios da publicidade e legalidade, inerentes aos contratos públicos, é fundamental que os procedimentos adotados pelo comitê, principalmente quando se tratar da emissão de decisões vinculantes, sejam instrumentalizados de maneira formal e ordenada, resguardando-se o devido processo contratual/legal e o contraditório.

As deliberações do comitê, no que se refere ao mérito das decisões técnicas, dificilmente serão revisadas posteriormente na via judicial ou arbitral. A maior chance de êxito de quem deseja contestar estas decisões é atacá-las em seu aspecto formal ou procedimental. Logo, a ausência de um membro com formação jurídica no comitê poderá contribuir para que as decisões, embora escorreitas no aspecto técnico, possuam algum vício extrínseco que venha a abrir margem a questionamentos futuros.

Recomenda-se, ainda, que o contrato preveja que o membro com formação jurídica deverá ser o presidente do comitê. Afinal, inexiste qualquer hierarquia entre os membros, tendo o voto de cada um deles o mesmo valor. As funções de um presidente equivalem mais às de um secretário, que redige atas, organiza documentos, convoca reuniões, minuta decisões e deliberações, etc. Estas funções são mais afetas à expertise do membro com formação jurídica.[124]

[124] Entrevista feita por Michelle Fernandes com os dois profissionais que atuaram integralmente na Junta de Litígios nos contratos da Fase 1 da construção da Linha 4 do Metrô de São Paulo, os engenheiros Jorge Jobim e Roberto Ricardino, revelou que ambos consideram como uma das lições aprendidas, a importância da existência de um advogado com conhecimento e experiência no campo das soluções alternativas de litígios contratuais como um dos mem-

Lado outro, a estipulação de que o presidente tenha a formação jurídica diminui a probabilidade de que ambas as partes queiram indicar advogados, o que não seria adequado, pois a função principal do comitê é deliberar sobre questões de ordem técnica. Logo, deve-se privilegiar um número maior de técnicos com formação específica no objeto do contrato.

Uma vez indicado o membro por uma das partes, é importante que o contrato estabeleça o prazo e a forma para que a outra apresente eventual recusa justificada. Além disso, que aponte quem irá julgar esta impugnação, o que, geralmente, fica à cargo da câmara escolhida para administrar o CRD, quando for o caso.

Cumpre atentar, também, para a importância do estabelecimento de regras claras, com prazos e procedimentos a serem seguidos, para a eventual substituição de membros do comitê, qualquer que seja a razão. O contrato deve prever, ainda, se o comitê poderá continuar a executar suas funções com número incompleto, ou se terá que parar toda e qualquer atividade à espera da recomposição do quadro.

Se não for prevista a administração do CRD por nenhuma câmara, após a nomeação dos membros será necessário a assinatura de um contrato tripartite com as partes, em que serão formalizadas as obrigações dos membros e das partes, remuneração, reembolso de despesas, prazos de duração do vínculo, hipóteses de rescisão, dentre outros aspectos. Já se o CRD for administrado por alguma câmara, os honorários estarão tabelados e o regulamento a ser seguido já estará definido. Neste caso, a formalização da indicação ocorrerá mediante a assinatura de um Termo de Independência de cada membro. Tem sido usual, também, a assinatura de um Termo de Instauração do DB para fixar o vínculo entre todas as partes, tal como na arbitragem.

4.3.1. Participação de servidores e empregados públicos do ente contratante no comitê

A Lei nº 13.140/2015 dispõe em seu art. 32 que poderão ser criadas câmaras de prevenção e resolução administrativa de conflitos no âmbito dos órgãos da Advocacia Pública de cada ente estatal. Nestas câmaras, a fun-

bros do DB, preferencialmente como Presidente. *In:* FERNADES, Michelle Cristina Santiago. **Dinâmica dos Dispute Boards e perspectivas de utilização em contratos de construção no Brasil.** Dissertação (Mestrado em Ciências) – Escola Politécnica da Universidade de São Paulo. Departamento de Engenharia de Construção Civil, São Paulo, 2019, p. 145.

ção de conciliador e mediador tem sido assumida, geralmente, por advogados públicos da própria pessoa jurídica. Esta prática poderia levar à falsa impressão de que também poderiam ser designados servidores e empregados públicos do ente contratante para compor o comitê. Trata-se, todavia, de um equívoco.

As citadas câmaras estatais buscam resolver os conflitos apenas através da autocomposição. Não elaboram provas, nem usam os documentos eventualmente ali produzidos para quaisquer outras finalidades. Por isso não há impedimento da participação de servidores públicos, afinal, o particular é totalmente livre para aceitar, ou não, a solução proposta, e se não o fizer, não terá qualquer prova gerada contra si.

Já no CRD, acaso não seja alcançada uma solução consensual, será emitida uma deliberação vinculativa ou uma recomendação que tem a natureza de uma prova técnica, e seguramente será usada num eventual processo judicial ou arbitral. Logo, admitir que o empregado de qualquer das partes participe do CRD é tão ilegítimo quanto seria designar um árbitro ou perito judicial nestas condições.

André Carvalho e Marcos Lino classificam a existência de uma relação econômico-financeira entre as partes e o membro do *Dispute Board* como um dos principais conflitos de interesses que pode existir, o que lhes subtrai a independência mandatória para que sua opinião possa ter legitimidade.[125]

É neste sentido que o PLS 206/2018[126] aprovado pelo Senado dispõe que:

> Art. 6º Estão impedidos de funcionar como membros do Comitê as pessoas que tenham, com as partes ou com o litígio que lhes for submetido, algumas das relações que caracterizam os casos de impedimento ou suspeição de juízes, aplicando-se-lhes, no que couber, os mesmos deveres e responsabilidades, conforme previsto no Código de Processo Civil.

A ser aprovado o projeto de lei, estará vedada a possibilidade deste tipo de indicação para a composição do comitê. Porém, sequer seria necessá-

[125] CARVALHO, André Castro; LINO, Marcos dos Santos. O *dispute board* nos contratos de concessão de serviços públicos. *In*: MARCONDES, Fernando (org.). **Direito da construção: estudos sobre as várias áreas do direito aplicadas ao mercado da construção**. São Paulo: Pini, 2014, p. 187.

[126] SENADO FEDERAL. *Loc cit.*

ria esta disposição legal para que se perceba o seu desacerto. A confiança de ambas as partes na imparcialidade e capacidade técnica dos membros é o fator mais essencial para o funcionamento adequado do mecanismo. Qualquer elemento que tenha o mínimo potencial de abalar esta confiança deve ser simplesmente evitado.

Sem essa confiança, o CRD perde a capacidade de fazer com que suas recomendações e deliberações não definitivas se tornem, de fato, a solução final do conflito, e se torna uma mera etapa de produção antecipada de prova.

4.3.2. Regras específicas para comitês permanentes em contratos de longa duração

Em se tratando de contratos de longa duração, acaso seja adotado o formato *ad hoc* nenhuma mudança relevante precisa ser feita, na medida em que os comitês só serão instaurados para resolver alguma disputa específica, e serão dissolvidos tão logo emitam sua deliberação/recomendação final.

Já se a opção for pelo formato permanente, o contrato deve prever algumas regras de conformação. Diferente do que ocorre nos contratos ordinários, em que se presume que a formação do comitê permanecerá a mesma até o fim da execução contratual, nos contratos de longa duração a presunção é oposta. Dificilmente um profissional experiente aceitaria ficar ligado a um determinado projeto por mais de uma década. Assim, faz sentido, por exemplo, que para estes contratos seja previsto um mandato fixo dos membros, com trocas alternadas, para que não haja ruptura da memória dos trabalhos já desempenhados.

Outra opção seria prever a existência de comitês diferentes para ciclos contratuais distintos. Em concessões rodoviárias, por exemplo, é comum que o contrato preveja ciclos de investimento, com a execução de grandes obras, alternados por ciclos de simples operação e manutenção. Assim, o contrato poderia constituir um comitê diferente para cada ciclo de investimento, que se encerraria com a entrega das obras previstas para aquele ciclo.

A DRBF sugere, ainda, uma outra modelagem possível, que seria a constituição de comitês separados, de acordo com os contratos e subcontratos decorrentes da concessão/PPP. Assim, por exemplo, um comitê atuaria no contrato de concessão (Poder concedente x SPE); outro no subcontrato de construção (SPE x construtora); e outro nos primeiros anos do subcontrato firmado para a operação e manutenção dos ativos (SPE x operadora)[127].

Seja qual for a modelagem adotada, conclui-se que contratos de longo prazo não constituem empecilho, por si só, à utilização de comitês permanentes, desde que o contrato trate adequadamente as regras de duração do comitê ou de substituição dos seus membros.

4.4. Etapa 4 – Tipos de controvérsias que poderão ser submetidas ao CRD

Se nos contratos privados já é importante estabelecer com clareza quais são os tipos de controvérsias que poderão ser levadas ao conhecimento do CRD, nos contratos públicos esta definição é indispensável. Os regulamentos de várias câmaras trazem um corte muito amplo, permitindo que qualquer controvérsia, de qualquer natureza, seja dirimida pelo comitê.[128]

Ocorre que nos contratos públicos o escopo de atuação do comitê não pode ser assim tão amplo. Na ausência de uma lei nacional específica sobre o mecanismo, há de ser adotado um primeiro filtro objetivo das matérias que podem ser submetidas ao CRD, equivalente ao que se observa na arbitragem – "*direitos patrimoniais disponíveis*" (art. 1º, §1º, da Lei nº 9.307/1996) – e na mediação – "*direitos disponíveis ou sobre direitos indisponíveis que admitam transação.*" (art. 3º, da lei nº 13.140/2015).

Esta, inclusive, foi a opção adotada no art. 1º da Lei nº 16.873/2018 do Município de São Paulo/SP. Todavia, como já apontado no *tópico 3.3.2*, trata-se de um conceito bastante confuso, que, não raras vezes, provoca intensa discussão se o objeto de fundo do caso concreto configura-se, ou não, como um direito patrimonial disponível ou indisponível que admita a transação. Logo, é altamente recomendável que a cláusula de CRD complemente a definição legal e estabeleça, com o maior detalhamento possível, as matérias que poderão ser submetidas ao comitê. Um exemplo desta preocupação pode ser visto na cláusula modelo sugerida pela SPPI na Nota Técnica nº 4/2019/STR/SPPI[129]:

> **1.6.** São passíveis de serem submetidas ao Comitê de Prevenção e Resolução de Divergências as divergências que envolvam direitos patrimoniais dis-

[127] RUSSO, Ann; ESATON Graham e outros. Op. cit., p. 80.

[128] Neste sentido é o art. 1.1 do Regulamento da CIESP/FIESP e o art. 1.1 do Regulamento da CCI.

[129] BRASIL. Casa Civil. Secretaria Especial do Programa de Parcerias de Investimentos. *Loc cit.*

poníveis ou direitos indisponíveis que admitam transação, ainda que exijam interpretação do Contrato, nas seguintes matérias:

(a) equilíbrio econômico-financeiro do Contrato;

(b) execução de serviços e obras e sua adequação aos parâmetros exigidos pela regulação e pelo Contrato; e

(c) avaliação de ativos e de indenizações.

O que se deve ter em mente é que, assim como se vê com a arbitragem, as deliberações técnicas emitidas pelo comitê dificilmente são revertidas futuramente no que tange ao seu mérito. Logo, a parte descontente costuma concentrar sua resistência nos aspectos formais da atuação do colegiado, buscando, quando possível, questionar a sua própria competência para atuação. Nestes casos, a boa redação da cláusula de CRD é fundamental para trazer segurança jurídica, e evitar este tipo de resistência.

4.4.1. Indevida exclusão da análise de controvérsias "puramente jurídicas" pelo CRD

Costuma-se observar, em alguns casos, uma limitação de submissão ao comitê de controvérsias que sejam "puramente jurídicas". Esta, inclusive, é a conclusão que se abstrai da cláusula modelo sugerida pela SPPI na Nota Técnica nº 4/2019/STR/SPPI[130], eis que seu *item 1.5* aponta que o CRD atuará em "*potenciais divergências de natureza técnica ou econômico-financeira*".

Augusto Barros e Ricardo Medina defendem que seja feita esta limitação:

> Primeiramente, entendo que, pelas próprias características do *dispute boards*, que correspondem a um comitê de prevenção e solução de controvérsias formado por técnicos especialistas no objeto da contratação, assuntos que são puramente jurídicos e não envolvem qualquer discussão técnica não deveriam estar sujeitos ao mecanismo. Tal restrição ainda seria mais recomendável, caso o comitê não tivesse qualquer advogado em sua formação, já que relegaria a profissionais que não são especialistas na matéria a função de dar decisões ou recomendações sobre isso. [131]

[130] Ibidem.

[131] FIGUEIREDO, Augusto Barros de; SALLA, Ricardo Medina. Op. cit., p.74-75.

Nas primeiras versões desta obra esta ideia também fora defendida. Ocorre que, após reflexão, percebeu-se que a orientação deveria ser contrária. Em primeiro lugar, porque é quase impossível classificar quais seriam as controvérsias "puramente jurídicas". Afinal, qualquer que seja a controvérsia levada para apreciação do comitê, ela sempre terá, ainda que como pano de fundo, algum aspecto técnico ou econômico. Nenhuma parte acionará o comitê para esclarecer uma questão jurídica apenas por curiosidade acadêmica, mas porque vislumbrou impactos no cumprimento das obrigações financeiras ou técnicas assumidas.

Ademais, qualquer que seja a controvérsia, o comitê sempre terá que interpretar as cláusulas contratuais, e os dispositivos legais eventualmente aplicáveis, para que possa emitir sua recomendação/deliberação. Logo, fica difícil, para dizer o mínimo, estabelecer um limite da interpretação jurídica que possa ser feita pelo comitê em cada caso. Fazer este recorte acaba por trazer imensa insegurança jurídica, na medida em que a parte sucumbente poderá questionar a decisão do comitê futuramente não apenas quanto ao seu mérito, mas quanto à própria competência do comitê para deliberar sobre a questão.

Além disso, a função do comitê, dentro da ideia de *Rough Justice*, vista no *tópico 2.2*, não é entregar a "justiça perfeita", mas a "justiça possível" para que o impasse não paralise a execução contratual. Não se pode perder de vista que a solução – técnica, econômica ou mesmo jurídica – dada pelo comitê é provisória, e só se tornará definitiva se as partes se conformarem com ela. Se, todavia, qualquer parte se sentir prejudicada, bastará recorrer à jurisdição, que terá facilidade de apreciar o caso se, de fato, tratar-se de uma questão "puramente jurídica".

Vê-se, assim, que os possíveis danos causados por uma "solução jurídica imperfeita" dada pelo comitê são remediáveis[132]; ao passo em que a insegurança jurídica causada pela limitação de atuação do comitê pode chegar a inviabilizar o mecanismo. Logo, recomenda-se que toda e qualquer controvérsia oriunda do contrato, desde que ligada a direitos que admitam transação, seja passível de apreciação pelo comitê.

[132] Mesmo no caso de a "solução jurídica imperfeita" dada pelo comitê ocasionar risco de perecimento do direito, esta hipótese configuraria uma das poucas exceções que autorizariam a suspensão liminar da decisão por parte do órgão jurisdicional, como explicitado no *tópico 3.7.1*.

Reforça-se aqui, mais uma vez, a importância de que ao menos um membro do comitê possua formação jurídica, pois, como visto, os aspectos técnicos, econômicos e jurídicos da contratação sempre estão inter-relacionados.

4.5. Etapa 5 – Administração do CRD por câmaras e instituições especializadas

Embora não seja obrigatório que a cláusula de CRD indique regras ou regulamentos externos para utilização suplementar, é recomendável, assim como na arbitragem, que o faça. Caso assim não se opte, a cláusula de CRD deverá estabelecer de forma minudente todo o regramento a ser aplicado, o que pode importar em uma cláusula excessivamente extensa e, por vezes, confusa.

Até bem pouco tempo não existia no Brasil regulamentos nacionais sobre o funcionamento do CRD. Esta realidade, todavia, já foi alterada, podendo-se afirmar que as principais câmaras de arbitragem e mediação do país já possuem regulamentos em vigor[133]. Além delas, pode-se optar pelos regulamentos de organismos internacionais, como a CCI[134] ou CIArb[135].

É importante ressaltar, todavia, que tais regulamentos possuem regras bastante distintas em diversos aspectos, de modo que é imprescindível que se conheça, detalhadamente, o regulamento que se busca adotar para conferir se o mesmo é compatível com o escopo do contrato. Assim, é sempre adequado estabelecer que, em caso de eventual conflito entre o contrato e o regulamento, deverá prevalecer o que estiver estabelecido no contrato, evitando-se ambiguidades, ou mesmo alterações posteriores do regulamento que impactem no que fora contratado.

[133] CCBC: <https://ccbc.org.br/cam-ccbc-centro-arbitragem-mediacao/resolucao-de-disputas/dispute-boards/regulamento-2018/>; CIESP/FIESP: <https://www.camaradearbitragemsp.com.br/pt/dispute-boards/regulamento.html>; FGV: <https://camara.fgv.br/artigos/regulamento-para-comite-de-solucao-de-controversias>; CBMA: <http://www.cbma.com.br/regulamento_dispute_board>; CAMARB: <http://camarb.com.br/wpp/wp-content/uploads/2018/11/regulamento-de-db-camarb-2017-final.pdf>. Acesso em: 26 jul. 2021.

[134] Disponível em: <https://iccwbo.org/dispute-resolution-services/dispute-boards/rules/>. Acesso em: 26 jul. 2021.

[135] Disponível em: <https://www.ciarb.org/media/14974/ciarb-dispute-board-rules-practice-standards-committee-august-2014.pdf>. Acesso em: 26 jul. 2021.

Também deve estar claramente definido na cláusula de CRD se alguma câmara prestará serviços administrativos às partes em relação ao mecanismo. Em sendo esta a opção, importante perceber que existe sensível diferença de valores cobrados por cada câmara, o que pode levar à necessidade de que o gestor público justifique de forma transparente e objetiva a opção por determinada câmara.

Vale também lembrar que a contratação de membros do DB e de câmaras especializadas na administração do procedimento segue a mesma lógica da arbitragem. Ou seja, em princípio, não se submete à licitação, uma vez que se trata de hipótese de inexigibilidade de licitação que encontra fundamento no art. 25, II, da Lei 8.666/1993. De maneira ainda mais específica, a nova Lei de Licitações (Lei nº 14.133/2021) deixa clara a inexigibilidade de um procedimento ordinário de licitação, prevendo apenas que: "*Art. 154. O processo de escolha dos árbitros, dos colegiados arbitrais e dos comitês de resolução de disputas observará critérios isonômicos, técnicos e transparentes.*"[136]

As câmaras podem prestar desde serviços mais simples de secretaria, até serviços mais complexos como a nomeação de membros em caso de

[136] Usualmente na arbitragem tem-se adotado o procedimento de credenciamento das câmaras arbitrais perante o órgão de representação jurídica do ente público. Neste sentido, o Decreto Federal nº 10.025, de 20 de setembro de 2019, estabelece que: "Art. 10. O credenciamento da câmara arbitral será realizado pela Advocacia-Geral da União e dependerá do atendimento aos seguintes requisitos mínimos: I – estar em funcionamento regular como câmara arbitral há, no mínimo, três anos; II – ter reconhecidas idoneidade, competência e experiência na condução de procedimentos arbitrais; e III – possuir regulamento próprio, disponível em língua portuguesa. § 1º O credenciamento de que trata o caput consiste em cadastro das câmaras arbitrais para eventual indicação futura em convenções de arbitragem e não caracteriza vínculo contratual entre o Poder Público e as câmaras arbitrais credenciadas. § 2º A Advocacia-Geral da União disciplinará a forma de comprovação dos requisitos estabelecidos no caput e poderá estabelecer outros para o credenciamento das câmaras arbitrais. Art. 11. A convenção de arbitragem poderá estipular que a indicação da câmara arbitral que administrará o procedimento arbitral será feita pelo contratado, dentre as câmaras credenciadas na forma prevista no art. 10. § 1º A administração pública federal poderá, no prazo de quinze dias, manifestar objeção à câmara escolhida, hipótese em que a parte que solicitou a instauração da arbitragem indicará outra câmara credenciada, no prazo de quinze dias, contado da data da comunicação da objeção. § 2º A indicação da câmara arbitral escolhida e a sua eventual objeção serão feitas por correspondência dirigida à outra parte, ainda que a cláusula compromissória estabeleça que esta escolha será promovida logo após a celebração do contrato de parceria. § 3º A câmara arbitral indicada poderá ser substituída antes do início da arbitragem, desde que com a anuência de ambas as partes, independentemente da celebração de termo aditivo ao contrato de parceria."

omissão de alguma parte, ou mesmo o julgamento de impugnações a membros indicados por questões relacionadas à imparcialidade. Logo, é preciso atenção para, se for o caso, excepcionar algumas das regras ou serviços a serem utilizados. A simples remissão ao uso de determinado regulamento, sem a devida ressalva, pode fazer com que seja imposta uma solução diferente daquela imaginada inicialmente.

Embora aumente os custos, a utilização das câmaras pode auxiliar bastante na organização e transparência dos trabalhos, além de apontar soluções para questões que não tenham sido previstas e que, com isso, poderiam impedir o futuro uso do DB na prática.

4.5.1. Forma de custeio

A forma de custeio das despesas com o CRD em contratos públicos enfrenta, em certa medida, as mesmas dificuldades observadas em relação à arbitragem, porém com algumas peculiaridades que facilitam bastante o uso do CRD, quando em comparação.

O grande problema enfrentado é orçamentário, na medida em que é impossível prever antecipadamente quando surgirão disputas e qual será o impacto econômico do litígio, o que, na arbitragem, afeta diretamente os custos do procedimento, que devem ser quitados antecipadamente. Desta forma, acaso seja a Administração que busque instaurar a arbitragem, o órgão responsável poderá simplesmente não possuir orçamento disponível para o corrente ano, o que obrigaria, em último caso, a postergar a resolução do conflito até o próximo ano orçamentário, ou até mesmo ao seguinte, a depender do mês em que surgiu a demanda.

A solução usual que tem sido dada é transferir ao contratado a obrigação de antecipar todos os custos de qualquer demanda, mesmo daquelas que foram instauradas por iniciativa exclusiva do ente público, com posterior restituição se houver sucumbência. É neste sentido a previsão do Decreto Federal nº 10.025, de 20 de setembro de 2019, que regulamenta o procedimento de arbitragem na administração pública federal nos setores portuário e de transporte rodoviário, ferroviário, aquaviário e aeroportuário: "*Art. 9º As custas e as despesas relativas ao procedimento arbitral serão antecipadas pelo contratado e, quando for o caso, restituídas conforme deliberação final em instância arbitral* [...]"

A solução dada, embora aparente resolver o problema, é de duvidosa constitucionalidade, na medida em que obriga o contratado a custear as despesas de um litígio contra si mesmo. E o § 4º do referido dispositivo chega ao ponto de estabelecer que os custos de produção da prova pericial também serão adiantados pelo contratado, obrigando este a custear eventual prova contra si mesmo.

Além disso, é uma solução ineficiente, pois, na prática, acaba trazendo para a própria Administração um ônus financeiro num volume muito acima do que ocorrerá na maioria dos contratos. Afinal, como é natural do mercado, o particular, ao ter ciência de que terá que assumir esta obrigação incerta, efetuará uma projeção pessimista de quanto isto poderá gerar de impacto econômico, e embutirá o valor total em sua proposta. No final, para tentar resolver um problema orçamentário, eleva-se o custo financeiro da contratação.

Pior que isso, embora não se tenha notícia de que isto já tenha ocorrido, não é difícil imaginar um cenário em que o particular, mesmo ciente de sua obrigação, se recuse a antecipar as custas, até mesmo por eventual falta de recursos. Neste cenário, a Administração estaria impedida de acessar a arbitragem enquanto as custas não fossem pagas.

Diante desta realidade, o CRD apresenta opções bem mais resolutivas e eficientes de custeio para a Administração. Em sendo adotado o formato permanente, os custos de funcionamento do comitê, salvo em casos excepcionais, devem ser tidos como um custo do contrato. Neste caso, não há qualquer problema em estabelecer que este custo seja assumido pelo contratado, que, ciente desde o início desta obrigação, irá embuti-lo na sua proposta de preço. Da mesma forma, via de regra, não deve haver ressarcimento de valores pela parte que restar sucumbente, caso o comitê seja chamado a emitir alguma deliberação, haja vista que o comitê estará apenas atuando dentro das suas funções ordinárias, pelas quais já é remunerado pelo contrato.

Perceba-se a diferença. Como o comitê, no formato permanente, é um instrumento de governança contratual, não há qualquer inconstitucionalidade em transferir este custo ao contratado, que não estaria assumindo, com isso, o custo de um processo contra si. Lado outro, como o comitê funcionará ao longo de todo o contrato, o contratado consegue estimar com maior precisão o seu impacto econômico real, não precisando inflar os preços de sua proposta[137]. Além disso, a Administração possui a certeza de

[137] É o que afirma Peter H. J. Chapman: "Furthermore, the costs of a DRB are offset by the lower bid prices that are known to result when contractors prepare tenders on DRB contracts,

que, em última análise, paga por um serviço que está sendo prestado efetivamente. Esta possibilidade de configuração de pagamento revela mais uma das vantagens do comitê permanente sobre o *ad hoc*.

Ocorre que mesmo os comitês *ad hoc* trazem benefícios para a Administração no que se refere ao custeio. Como seu valor é expressivamente inferior ao da arbitragem (vide *tópico 3.5*) e como eles tem prazo curto de funcionamento já previamente estipulado, torna-se mais fácil que os órgãos consigam assumir o custeio com o próprio orçamento já existente.

De qualquer forma, recomenda-se que se a opção for pelo comitê *ad hoc,* o contrato estabeleça que os custos devem ser antecipados pela parte que requereu a instauração do comitê, bem como que a parte sucumbente deverá ressarcir a parte que eventualmente tiver antecipado os custos[138]. Diferente do comitê permanente, aqui o comitê só existiu, e gerou custos, por uma demanda de alguma parte, o que justifica o acerto de contas ao seu final.

A cláusula modelo para o uso do CRD sugerida pela SPPI[139] estabelece duas formas possíveis de arranjo para o custeio do CRD, dentre elas a proposta:

> **1.3.** As despesas e os honorários eventualmente devidos na adoção de qualquer dos mecanismos de solução de controvérsias previstos nesta cláusula serão antecipados exclusivamente [pela Parte que requerer sua instauração / pelo parceiro privado].
>
> **1.3.1.** Havendo rateio ou sucumbência total ou parcial do Poder Concedente, as despesas e os honorários de que trata a subcláusula **1.3** que lhe couberem serão ressarcidos ao parceiro privado mediante reequilíbrio equilíbrio econômico-financeiro.

particularly when working overseas. Obviously, a tenderer will include DRB costs in their tender but they should not need to inflate their prices to cover what, without the DRB, may be a risk of injustice or delay." Chapman. Peter H. J. **Dispute Boards**. Disponível em: <https://www.fidic.org/sites/default/files/25%20Dispute%20Boards.pdf>. Acesso em: 19 dez. 2021.

[138] O Decreto nº 46.245, de 19 de fevereiro de 2018, do Estado do Rio de Janeiro, que regulamenta a adoção da arbitragem naquele estado, segue esta linha, ao exigir que o contratado adiante as despesas apenas das arbitragens em que ele for o requerente: "Art. 9º – As despesas com a realização da arbitragem serão adiantadas pelo contratado quando for ele o requerente do procedimento arbitral, incluídos os honorários dos árbitros, eventuais custos de perícias e demais despesas com o procedimento."

[139] BRASIL. Casa Civil. Secretaria Especial do Programa de Parcerias de Investimentos. Loc cit.

1.3.2. Cada Parte arcará com honorários contratuais e demais despesas incorridas com seus procuradores, assistentes técnicos e demais representantes, sendo vedada a imposição da obrigação de ressarcimento entre as Partes dos respectivos valores.

4.6. Etapa 6 – Consequências do descumprimento de decisões

Se o incremento de segurança jurídica começa pela escolha de um CRD que possa emitir decisões vinculantes, ele se aperfeiçoa com a definição de normas claras que irão ser adotadas em caso de descumprimento das decisões do CRD.

É natural que a parte descontente com a decisão possua resistência em cumpri-la. Em sendo assim, é recomendável que o contrato preveja consequências que desestimulem este comportamento, tais como multas específicas, possibilidade de rescisão contratual, obrigação da parte sucumbente comprovar o cumprimento da decisão para que possa formular novo pleito ao comitê, etc.

No caso dos contratos públicos, diferente do que possa parecer, estas previsões não retiram prerrogativas da administração, mas, ao revés, ajudam o gestor público a justificar a razão de estar cumprindo uma decisão, embora eventualmente tenha optado por recorrer dela na via arbitral ou judicial. Ademais, há total interesse público em que o contratado, eventualmente sucumbente, cumpra a decisão de forma imediata, mesmo que opte por rediscuti-la na via adequada, evitando-se, assim, a paralisação das obras ou do serviço.

É de extrema relevância, também, que o contrato estabeleça expressamente a possibilidade de execução das decisões do comitê no foro adequado, evitando-se discussões desnecessárias sobre a existência, ou não, de um título executivo (vide *tópico 5.2*).

Em relação aos contratos públicos, deve estar previsto, com muita clareza, a forma de pagamento de eventuais valores decorrentes de decisões da junta por parte do ente público. As decisões da junta não têm natureza de "sentença judiciária". Muito menos podem ser consideradas como decisões condenatórias definitivas, eis que não impedem a rediscussão na via adequada. Na verdade, as decisões da junta complementam o próprio contrato, de modo que cumprir sua determinação representa, simplesmente, o adimplemento de uma obrigação contratual. Logo, o regime de pagamento por precatórios, previsto no art. 100 da Constituição Federal, não se aplica ao caso.

Nada obstante, é notório que a administração pública realiza o pagamento de suas obrigações pecuniárias através de previsão orçamentária prévia. Logo, a depender do valor, simplesmente pode não haver orçamento que viabilize o pagamento. Não se trata de uma recalcitrância para cumprimento da decisão, mas de uma impossibilidade material. Lado outro, pactuar que todo e qualquer pagamento devido pela Administração deva ocorrer apenas no próximo ano-orçamentário também não aparenta ser a solução, pois, em muitos casos, o pagamento será essencial para que o contratado consiga manter o calendário de execução contratual. Se a Administração tem recursos disponíveis, não há sentido em retardar o pagamento, até mesmo em nome da boa-fé.

A solução a este impasse pode ser tratada pelo próprio contrato. É possível, por exemplo, que o contrato estabeleça um valor, ou percentual limite, abaixo do qual a Administração realizará o pagamento de imediato. Já os pagamentos de maior monta deverão ser incluídos no próximo ano-orçamentário. Neste caso, pode ser necessário, também, prever o direito do contratado de postergar o cumprimento de alguma de suas obrigações, de modo que a decisão do comitê, de acordo com este regramento contratual, já iria readequar a execução do contrato diante da nova realidade experimentada.

Para que este clausulado dê certo, todavia, o espírito de cooperação deve prosperar. A Administração – que elabora as cláusulas unilateralmente – deve evitar comportamento oportunístico, de modo a reduzir ao máximo a possibilidade de postergação do cumprimento das deliberações do CRD. A conclusão do projeto dentro do prazo é um objetivo comum das partes, e a postergação do cumprimento das deliberações do CRD, por razões justificáveis ou não, vai sempre dificultar que este objetivo seja alcançado. Demais disso, não se deve temer que verbas públicas sejam destinadas ao pagamento de obrigações que ainda podem ser revisadas pela jurisdição estatal ou arbitral, na medida em que, enquanto houver discussão nestas searas, as garantias contratuais não devem ser levantadas, o que assegurará o ressarcimento da Administração, acaso futuramente reste vencedora de eventual lide decorrente de sua insurgência contra uma deliberação de um CRD.

4.7. (Não) Inserção do CRD nas cláusulas escalonadas de resolução de conflitos

Um provável sintoma da visão de CRD que tem prevalecido no Brasil, majoritariamente focada nos comitês *ad hoc* – que deveriam ser a exceção –, é a inclusão do CRD nas denominadas cláusulas escalonadas para resolução de controvérsias, pelas quais são estipuladas fases sucessivas de mecanismos para resolução do conflito.

Um exemplo pode ser percebido na concessão realizada pela Prefeitura de São Paulo/SP, no ano de 2019, para a reforma e operação do Mercado Municipal de Santo Amaro. O contrato[140] prevê, para a solução de conflitos, em sua cláusula 35ª, uma fase inicial obrigatória em que deve ser instaurado procedimento de mediação. Caso esta seja infrutífera, a cláusula 36ª prevê a possibilidade de instalação de um CRD *ad hoc,* que emitirá decisões no prazo máximo de 60 (sessenta) dias. Se a decisão não for aceita pelas partes, estas poderão remeter a resolução da controvérsia para a arbitragem, sendo omisso o contrato se deverão cumprir a decisão do CRD imediatamente, até que exista eventual reforma na arbitragem. Já a cláusula 37ª, que versa sobre a arbitragem, aponta que deverão ser observadas, no que couber, as cláusulas 35ª e 36ª, gerando dúvidas se, além da mediação, também a instauração do CRD é uma etapa obrigatória para o acesso à arbitragem.

São várias as razões que apontam para o desacerto de um arranjo contratual como esse, mesmo em se tratando de um CRD *ad hoc.* Em primeiro lugar, a hipótese de que um conflito tenha que passar por 3 (três) fases distintas, com atores distintos, para que possa ser emitida uma solução definitiva, atenta contra a própria razão de existir dos MESCs. Afinal, quando as partes optam por contratar soluções extrajudiciais para seus conflitos é porque desejam soluções céleres, sem ter que se sujeitar à jurisdição estatal, com sua larga via recursal. Não há sentido em fugir da burocracia institucional para criar, em seu lugar, uma "burocracia contratual".

Também pelo viés da eficiência o escalonamento não faz sentido. O CRD não foi criado para emitir soluções finais definitivas. Foi criado para emitir soluções rápidas, que garantam a execução do contrato. Obrigar

[140] SÃO PAULO. Secretaria Executiva de Desestatização e Parcerias. **Contrato de Concessão Nº 01/2019-SGM**. Disponível em:<https://drive.google.com/file/d/19UdU4gottLFo0j3MHxlK7UlPji6QtFuX/view>. Acesso em: 19 ago. 2021.

que as partes passem por um procedimento prévio de mediação para que, só então, possam acessar o CRD, diminui a celeridade tão vital ao sucesso do mecanismo. A depender do conflito instaurado, a demora pode colocar o próprio objeto contratual em risco. Inclusive, a decisão do CRD, diante da demora, pode vir a ser diferente daquela que seria dada se tivesse sido instalado no tempo oportuno, eis que será considerado o que é melhor para o contrato naquele determinado momento, diante de todos os fatos ocorridos.

No aspecto pragmático a conclusão não se altera. Uma das razões do sucesso do CRD é que ele é o único MESC que pode buscar a solução do conflito tanto pela via da autocomposição, quanto pela via da heterocomposição. Antes de emitir uma decisão vinculante, o CRD sempre buscará que as próprias partes alcancem uma solução consensual, valendo-se, inclusive, de técnicas de mediação. Ocorre que se a mediação já falhou na sua seara especializada, dificilmente haverá autocomposição no CRD. Neste caso, em que é bem provável que a solução terá que ser imposta, provavelmente será melhor seguir diretamente para a via arbitral/judicial, do que correr o risco de perder mais tempo, e dinheiro, em um procedimento que não trará uma solução inquestionável.

O CRD já possui, em sua essência, um escalonamento natural. Em primeiro lugar, o comitê buscará prevenir o conflito (quando adotado o formato permanente). Se este surgir, buscará inicialmente resolvê-lo através da autocomposição. Se não conseguir, e for desejo das partes, emitirá uma recomendação ou uma decisão vinculativa. Se alguma parte não se conformar com a solução dada, poderá acessar a jurisdição estatal ou arbitral para uma solução definitiva. Logo, inserir o CRD como mais uma etapa no ciclo de resolução de conflitos, com o perdão do pleonasmo, é escalonar aquilo que já é escalonado.

Se o comitê for permanente, aí mesmo é que o escalonamento não teria qualquer sentido. Afinal, antes mesmo de surgir o conflito já existiria um comitê constituído, com pleno conhecimento do contrato e dos aspectos fáticos ao seu redor. Impedir que este comitê atuasse de pronto, para levar a disputa para outra seara, em que os membros participantes teriam que perder tempo só para se afeiçoar às peculiaridades do caso, não tem qualquer cabimento.

Em se tratando de um comitê *ad hoc*, da mesma forma que a mediação não deve ser prevista como uma etapa prévia obrigatória – não há qualquer problema que seja opcional –, o próprio CRD também não deve constituir um entrave para o acesso imediato da via arbitral ou judicial. Como já dito, o CRD tem como vetor principal de atuação a proteção do objeto contratual, e não do interesse individual de cada parte. Logo, não há lógica na imposição de sua atuação se a parte já detecta, de pronto, que sua divergência está mais conectada à proteção dos seus interesses pessoais.

O CRD não pode se tornar um obstáculo na busca da solução definitiva de um conflito, nem mesmo se transformar em uma mera etapa de produção antecipada de provas. Se por qualquer razão as partes não estão com espírito colaborativo e não acreditam que o trabalho dos membros do comitê, de fato, possa ser útil para que se alcance uma solução adequada, melhor que acessem, desde logo, a jurisdição estatal ou arbitral.

Excetuam-se, deste raciocínio, os comitês permanentes. Como estes já estão em funcionamento, e conhecem as peculiaridades da contratação, não faz sentido deixar de colher o seu entendimento antes da instauração de um processo arbitral ou judicial, principalmente porque, a depender do tipo de CRD, poderá ser emitida uma decisão vinculativa de imediata observância. Nesta modalidade, o comitê é, na verdade, um instrumento de governança contratual, que nasceu, justamente, para ser o primeiro filtro de controle dos eventuais conflitos existentes. Ou seja, passa a ser um direito das partes que qualquer divergência relativa ao contrato seja previamente apreciada pelo comitê, o que não impede, por óbvio, que, havendo consenso, seja o caso levado diretamente à esfera arbitral/judicial.

5
QUESTÕES COM POTENCIAL DE PROBLEMATIZAÇÃO

Por mais que a utilização do CRD já esteja consolidada em diversos países, inclusive com grande uniformização de práticas e procedimentos, a sua aplicação ao ordenamento jurídico nacional demanda alguns pontos de atenção. O CRD surgiu e se desenvolveu em países de *Common Law*, em que a autonomia de vontade e a liberdade contratual das partes é muito predominante. Nestes países, uma vez expressa no contrato, a vontade produz verdadeira lei entre as partes, tendo força extremamente pronunciada.

Já nos países de *Civil Law*, e no Brasil em especial, não são raras as normas ditas como "de ordem pública" que se sobrepõem à vontade das partes. Este é o primeiro desafio a ser enfrentado, principalmente em se tratando de contratações públicas, cujos procedimentos costumam ser rígidos, permitindo pouca margem de adaptação. Aliás, diante da conhecida burocracia que sempre imperou em nosso país, nos acostumamos a dar mais importância aos procedimentos do que aos resultados efetivos através deles alcançados. Existem, todavia, outros obstáculos a serem superados, tão ou mais desafiadores.

Um deles, sem sombra de dúvidas, é a cultura da litigância jurisdicional, tão arraigada em nosso cotidiano. Durante muito tempo o acesso ao Judiciário foi estimulado de diversas formas, inclusive como sendo a solução única para resolução de qualquer divergência que envolvesse a Administração Pública. Até hoje não é raro achar quem defenda que, em decorrência da legalidade e da supremacia do interesse público, apenas a legislação ou o Poder Judiciário poderiam impor obrigações à Administração Pública.

Outro gargalo que gera grande preocupação, não apenas para a utilização do CRD, mas de todos os MESCs de modo geral, é a harmonização com a atuação dos órgãos de controle. No Brasil, temos uma inegável sobreposição de atuação de órgãos de controle, cada qual dotado de autonomia ou independência. Não raras vezes isto tem criado grandes pontos de atrito entre estes órgãos, as partes contratantes e os agentes que participam, de qualquer forma, de um procedimento para solução extrajudicial de conflitos. Chega-se ao ponto de não saber, sequer, quem de fato deve estar sentado na mesa para que as negociações possam se iniciar. Some-se a isso a cultura, ainda existente, da hierarquia institucional. Busca-se legitimar a solução alcançada por um determinado ator, não pelo mérito do seu conteúdo, mas por uma suposta supremacia hierárquica de sua manifestação.

Por certo que reverter este quadro não é tarefa fácil. Ocorre que estes desafios já vêm sendo enfrentados pela arbitragem e pelos demais MESCs, podendo o DB se aproveitar da evolução já alcançada por eles.

5.1. Tutelas provisórias judiciais e arbitrais em face de decisões do CRD

Questão que desperta grande preocupação é a possibilidade de que as decisões vinculativas do CRD venham a ser suspensas por decisões provisórias arbitrais ou judiciais. Não há qualquer ruptura no sistema quando as determinações do comitê são reformadas por decisões definitivas, com cognição exauriente, pela jurisdição competente. Isto porque é da essência do mecanismo, justamente, a possibilidade de que a arbitragem ou o Poder Judiciário venham a revisar qualquer deliberação da junta, desde que observados alguns procedimentos e prazos. A disfuncionalidade surge quando alguma determinação do comitê é suspensa por uma decisão liminar arbitral ou judicial.

Afinal, não acordaram as partes, em nome da boa execução contratual, que uma junta de especialistas iria emitir decisões que deveriam ser cumpridas até que o conflito alcançasse uma solução definitiva na jurisdição escolhida? O que dizer então da parte que busca esta tutela provisória? Estaria ela atuando com deslealdade, descumprindo uma obrigação contratual, ou trata-se apenas do legítimo exercício do direito de acesso à Justiça?

A questão não é simples. Por um lado, já se viu no tópico *3.7.1* que decisões liminares do tipo, salvo raras exceções, não deveriam ser concedidas. É que, via de regra, o *fumus boni iuris* e o *periculum in mora* militam totalmente a favor da manutenção da decisão técnica da junta, e não o oposto, como erroneamente possa parecer. Ora, se especialistas de renome, imparciais e escolhidos pelas próprias partes, foram contratados para acompanhar um projeto e, após terem amplo conhecimento das peculiaridades do caso concreto, apontaram para uma determinada solução; beira à irracionalidade o não reconhecimento de que, ao menos, a fumaça do bom direito aponta nesta mesma direção.

Por outro lado, se estes mesmos especialistas foram contratados para emitir decisões vinculativas que garantissem a boa execução do contrato – e não o interesse individual das partes, é sempre bom ressaltar –, a presunção que também se deve fazer é a de que a suspensão destas decisões irá causar grave risco ao projeto, provavelmente redundando na paralisação das obras ou do serviço. Ou seja, o perigo da demora, via de regra, também desautoriza a suspensão liminar das decisões do CRD.

É certo, todavia, que existem exceções ao raciocínio posto. Se, por exemplo, uma das partes trouxer indícios sérios de que a emissão da decisão da junta foi oriunda de conluio, dolo ou fraude; ou mesmo de que houve uma afronta grosseira ao contraditório e ampla defesa no procedimento adotado, a cautela pode recomendar, no caso concreto, a suspensão da decisão. Trata-se, contudo, de uma excepcionalidade, que deve estar muito bem fundamentada, tanto no pedido, quanto na decisão que defere a suspensão.

O que se coloca aqui, todavia, são aqueles casos em que a insurgência da parte sucumbente se limita ao mérito da decisão em si, não tendo sido apontado qualquer destes graves vícios. Nestes casos, parece intuitivo que estariam ausentes, minimamente, os requisitos para deferimento de tutela provisória.

Ocorre que, inobstante os argumentos destacados, já se observa o surgimento de decisões suspensivas nesta linha, ao menos na via judicial, como demonstrado no *tópico 3.7.1*. Como provável efeito colateral do número irracional de processos que aportam no Judiciário diariamente e a falta de tempo para uma análise mais aprofundada destes em sua fase inicial, criou-se uma cultura de que, na dúvida, é melhor suspender os efeitos do objeto da controvérsia, para refletir com calma mais para frente da marcha processual. Logo, decisões como esta tem o potencial de serem replicadas, ao cair na vala comum dos milhares de processos que abarrotam as varas cíveis por todo país. Como poderiam as partes então tentar se proteger deste cenário?

A primeira recomendação seria a opção pela via arbitral para a resolução definitiva dos conflitos, em que se espera que a expertise dos árbitros e o próprio conhecimento destes a respeito do CRD tendem a fazer com que as decisões da junta sejam mais respeitadas. Ocorre que, mesmo neste caso, enquanto não instituída a arbitragem, as partes podem recorrer ao Poder Judiciário para a obtenção de medida cautelar e de urgência, conforme art. 22-A, Lei nº 9.307/1996. Ainda assim, conforme art. 22-B da mesma Lei, esta decisão teria que ser reapreciada pela arbitragem, que poderia rapidamente restabelecer os efeitos da decisão do CRD.

Independente da opção pela arbitragem, questiona-se se outras medidas poderiam ser adotadas. Neste sentido, Leonardo Toledo da Silva e João Paulo Pessoa apresentam uma interessante sugestão de se buscar uma solução contratual do problema, através da elaboração de um negócio jurídico processual:

> "Neste sentido, temos recomendado e entendemos bastante salutar que as partes procurem lidar contratualmente com a questão, estabelecendo a renúncia das partes ao direito de rever liminarmente as decisões dos DABs, exceto por situações excepcionalíssimas. Essa é uma questão que cabe aos processualistas, mas nos parece adequado, a este respeito, buscar o respaldo dos chamados negócios jurídicos processuais, estabelecidos recentemente pelo novo Código de Processo Civil, em seu artigo 190."[141]

A proposta é criativa. Mesmo assim, os próprios autores advertem que "*tal tipo de renúncia poderá sofrer algum tipo de resistência ou incompreensão, inclusive acadêmica, com base em argumentos genéricos relacionados ao acesso à justiça e ao devido processo legal.*"[142]

De fato, se a redação original do PL 9883/2018[143] da Câmara dos Deputados for aprovada, a solução proposta não restará mais viável, na medida em que o art. 10, §2º do projeto de lei prevê que: "*§2º As partes poderão pleitear judicialmente tutela de urgência quando as circunstâncias do caso assim o recomendarem*". Diante da especificidade, há grande chance de que a previsão seja encarada como norma de ordem pública, portanto, inderrogável pelas partes.

A solução, todavia, pode vir do Direito comparado, seguindo linha parecida com a ideia do negócio jurídico processual, mas com nuances que diminuam a resistência à sua adoção. Reporta-se, especificamente, à

[141] SILVA, Leonardo Toledo; PESSOA, João Paulo. Op. cit., p. 433.

[142] Ibidem.

[143] Brasil. Câmara dos Deputados. Loc. cit.

legislação Peruana, já citada no *tópico 3.7.3,* e ao artigo 45.8 da *Ley de Contrataciones del Estado*[144]. Tal dispositivo preceitua que as decisões emanadas do CRD só podem ser submetidas à arbitragem dentro do prazo de trinta dias úteis *a partir do recebimento da obra.*

Ou seja, assim que a junta emite uma decisão vinculativa, as partes devem cumpri-la de imediato, mas tem um prazo para manifestar sua oposição, sob pena dela se tornar definitiva. Ocorre que, mesmo nesta hipótese, as partes não poderão acessar a arbitragem imediatamente, devendo aguardar a conclusão da obra, quando, só então, poderão questionar todas as decisões da junta emitidas ao longo da execução contratual, que foram oportunamente resistidas.

Perceba-se que, uma vez executada a obra, não há qualquer empecilho para que as partes requeiram tutelas liminares, e que os efeitos das decisões do comitê sejam eventualmente suspensos. Afinal, o objetivo maior do comitê, de garantir a execução do projeto, já foi alcançado. O que remanesce são pretensões individuais das partes, que, de fato, têm na arbitragem ou no judiciário o seu *locus* ideal de resolução.

Nesta linha de pensamento, mais efetivo do que as partes tentarem pactuar a renúncia ao seu direito de requerer a revisão liminar das decisões do CRD, seria condicionar seu acesso à jurisdição arbitral ou estatal ao esgotamento completo do procedimento de DB, que só termina com a conclusão do projeto. Mesmo neste caso, deveriam ser estabelecidas situações excepcionalíssimas em que seria desnecessário aguardar este prazo, como, por exemplo, em situações com risco de perecimento do direito, ou em questões que envolvam comprometimento da imparcialidade dos membros do comitê. Também deveria haver alguma regra de flexibilização em se tratando de contratos de longo prazo, eis que é impensável que alguma parte tenha que aguardar mais de 20 (vinte) anos para que possa ter acesso à jurisdição.

Poder-se-ia alegar, todavia, que a resistência à solução proposta, por aqueles que consideram que o acesso à jurisdição é um direito absoluto e incondicionado, seria ainda maior. Ocorre que já existe exemplo no ordenamento jurídico pátrio em que condicionante muito parecida de acesso à jurisdição vem sendo aceita sem maiores polêmicas. Trata-se do art. 23 da Lei nº 13.140/2015, a Lei da Mediação, que estabelece que:

[144] PERU. Loc. cit.

> Art. 23. Se, em previsão contratual de cláusula de mediação, as partes se comprometerem a não iniciar procedimento arbitral ou processo judicial durante certo prazo ou até o implemento de determinada condição, o árbitro ou o juiz suspenderá o curso da arbitragem ou da ação pelo prazo previamente acordado ou até o implemento dessa condição.
>
> Parágrafo único. O disposto no caput não se aplica às medidas de urgência em que o acesso ao Poder Judiciário seja necessário para evitar o perecimento de direito.

O raciocínio feito é simples. Se as partes podem estabelecer cláusulas contratuais de mediação, em que se comprometem a não iniciar o procedimento arbitral ou processo judicial durante certo prazo ou até o implemento de determinada condição, por que não poderiam pactuar convenção semelhante em uma cláusula de CRD?

Já faz algum tempo no Brasil, que o Princípio de acesso à Jurisdição tem se deslocado do conceito de acesso incondicionado ao Poder Judiciário para um conceito de acesso ao método de solução adequado para cada tipo de conflito, com respeito à autonomia de vontade das partes. É nessa linha que a proposição deve ser encarada, não como uma renúncia ao direito de acesso à Justiça, mas como uma previsão essencial para que o método de justiça escolhido pelas partes possa funcionar com a efetividade que dele se espera. Lembre-se que o CRD só será adotado em contratos de grande vulto econômico, em que se presume que nenhuma das partes é hipossuficiente e está devidamente assistida por advogados.

Um último registro merece ser feito. Como já apontado, a condicionante proposta deve ser flexibilizada sempre que houver risco de perecimento do direito. Em se tratando de contratações públicas, é natural que a execução do projeto esteja assegurada por garantias diversas. Neste caso, é importante estabelecer que, caso a obra seja entregue, mas existam decisões do CRD que foram contestadas pelas partes, as garantias suficientes não poderão ser levantadas até decisão final arbitral ou judicial. Deste modo, as próprias garantias poderão assegurar indenizações, caso a decisão do CRD seja posteriormente reformada. Isto só reforçará a possibilidade de restituição de eventuais recursos públicos que tenham sido pagos em decorrência de decisões do CRD, incrementando a segurança jurídica do mecanismo.

5.2. Possibilidade de execução das decisões do CRD

Uma das maiores fontes de controvérsias sobre a utilização do CRD reside nas consequências do descumprimento de decisões vinculantes emitidas por um DAB ou CDB, principalmente quando o contrato é silente neste aspecto. Há quem defenda, como Katucia Guedes, que "*Como um mecanismo alternativo de resolução de disputa, portanto, não adversarial e autocompositivo, falta às decisões dos dispute boards, o enforcement necessário reconhecido por nosso ordenamento jurídico, para que sejam passíveis de execução.*"[145]

Não se concorda, todavia, com esse raciocínio. É certo que os membros do CRD não possuem jurisdição, e suas decisões são desprovidas do *enforcement* de sentenças judiciais ou arbitrais. Isto, porém, não significa que elas não possam ser executadas na via judicial, como títulos executivos extrajudiciais que são. O STJ possui firme entendimento de que o contrato administrativo possui natureza jurídica de título executivo, por ser documento público, a teor do art. 585, II, do CPC/1973, atual art. 784, II, do CPC/2015[146]. De fato, em se tratando de contratos com a Administração

[145] GUEDES, Katucia Maria Lauricella. **Considerações acerca dos Dispute Boards e perspectivas de sua utilização no mercado brasileiro**. TCC (LL.M Direito dos Contratos). São Paulo: Insper, 2017, p. 33.

[146] Neste sentido: PROCESSUAL CIVIL E ADMINISTRATIVO. RECURSOS ESPECIAIS DE AMBAS AS PARTES. EXCEÇÃO DE PRÉ-EXECUTIVIDADE. CONTRATO ADMINISTRATIVO DE CONCESSÃO DE USO REMUNERADO. HIPÓTESE EM QUE O ACÓRDÃO REGIONAL ENTENDEU QUE TAL INSTRUMENTO NÃO POSSUI DE TÍTULO EXECUTIVO EXTRAJUDICIAL E MANTEVE A SENTENÇA DE PRIMEIRO GRAU QUE ACOLHEU A EXCEÇÃO DE PRÉ-EXECUTIVIDADE, EXTINGUINDO SEM RESOLUÇÃO DO MÉRITO A EXECUÇÃO DO SALDO DEVEDOR. ENTENDIMENTO CONTRÁRIO À JURISPRUDÊNCIA DESTE STJ, QUE ENCONTRA A EXECUTIVIDADE DESTA ESPÉCIE CONTRATUAL POR SE TRATAR DE DOCUMENTO PÚBLICO, A TEOR DO ART. 585, II DO CPC/1973. RECURSO ESPECIAL DA AUTARQUIA FEDERAL CONHECIDO EM PARTE E PROVIDO NA PARTE CONHECIDA. INVERTIDA A CONDENAÇÃO SUCUMBENCIAL. PREJUDICADO O APELO RARO DA MICROEMPRESA CONTRATADA QUE VERSAVA SOBRE HONORÁRIOS ADVOCATÍCIOS. **1. Este STJ possui firme entendimento pelo qual o contrato administrativo possui natureza jurídica de título executivo, por ser documento público, a teor do art. 585, II do CPC/1973.** Nesse sentido: AgInt no REsp. 1.523.938/RS, Rel. Min. BENEDITO GONÇALVES, DJe 27.3.2018 e AgRg no AREsp. 76.429/PA, Rel. Min. HERMAN BENJAMIN, DJe 7.3.2013, dentre outros. 2. Recurso Especial da Autarquia Federal conhecido em parte e provido na parte conhecida e Apelo Raro da Microempresa Contratada prejudicado. (REsp 1083164/PE, Rel. Ministro NAPOLEÃO NUNES MAIA FILHO, PRIMEIRA TURMA, julgado em 03/11/2020, DJe 17/11/2020. Grifo nosso)

Pública, a cláusula de CRD sempre estará inserida num contrato público, ou em algum outro instrumento da mesma natureza pública. Logo, o contrato, aditivo contratual ou termo de instauração do CRD, em que as partes se comprometem a cumprir as decisões do comitê, ainda que busquem sua reforma, configuram documentos públicos que se caracterizam como títulos executivos extrajudiciais.

Poder-se-ia alegar, todavia, que tais títulos carecem de liquidez e exigibilidade, na medida em que devem ser complementados por uma decisão de terceiros. Trata-se, contudo, de uma confusão, que buscou ser desfeita pela Lei nº 11.382/2006, na época sob a égide do CPC/1973. Conforme defende Paulo Lugon, referida lei, ao alterar a redação do art. 586 do CPC/1973, buscou desvincular da figura do título executivo os atributos da certeza, liquidez e exigibilidade; dispondo, corretamente, que o liame passa a ser a obrigação.[147]

De fato, a simples comparação do texto anterior, com o texto introduzido pela Lei nº 11.382/2020[148] – que fora repetido no art. 783 do CPC/2015 –, demonstra que não é o título que deve ser líquido, certo e exigível, mas a obrigação que fora assumida através do referido título. Ou seja, num primeiro momento deve ser questionado se o título que embasa a execução é um título que a lei empresta força de título executivo. Superada esta etapa, a pergunta a ser feita é se a obrigação assumida no referido título é certa, líquida e exigível.

Feita esta reflexão, não há dúvidas de que as partes, ao pactuarem um CRD com função adjudicatória, assumem uma obrigação autônoma, que é certa e exigível, de cumprir a deliberação do CRD de imediato, ainda que decidam recorrer na via adequada. Não tem qualquer sentido negar certeza e exigibilidade a uma obrigação que fora voluntariamente assumida pelas partes, consubstanciada na deliberação de um comitê de especialistas que foi eleito, justamente, para orientá-las no cumprimento das demais obrigações contratuais.

[147] Lucon, Paulo Henrique dos Santos. Títulos executivos e multa de 10%. In: SANTOS, Ernane Fidélis dos et al. (Coord.). Execução civil: estudos em homenagem ao Professor Humberto Theodoro Junior. São Paulo: Revista dos Tribunais, 2007. p. 986.

[148] CPC/1973: "Art. 586. A execução para cobrança de crédito fundar-se-á sempre em título líquido, certo e exigível." (Redação original). "Art. 586. A execução para cobrança de crédito fundar-se-á sempre em título de obrigação certa, líquida e exigível." (Redação dada pela Lei nº 11.382, de 2006).

Cabe ressaltar, todavia, que embora as decisões do CRD sejam certas e exigíveis, pode ocorrer, eventualmente, de alguma decisão não possuir liquidez, o que afiguraria empecilho à via executiva. Neste caso, devem as partes e os membros do CRD cuidarem para que, tanto quanto possível, sejam sempre emitidas decisões líquidas. Na ausência de liquidez, é pertinente que o próprio comitê seja provocado para complementar sua decisão, ou mesmo para instaurar um novo procedimento específico para liquidação da decisão anterior, ocasião em que, se preciso for, poderão ser contratados especialistas para apoiar o comitê em eventuais cálculos que sejam complexos.

Reforçando a viabilidade de execução das decisões do CRD, Augusto Barros e Ricardo Medina apontam que:

> Note-se que a questão da possibilidade de se executar a decisão do *dispute board* foi reconhecida pela primeira vez no âmbito internacional no *ICC Case Nº 10619*, em que se reconheceu que a decisão de um *dispute board* tomada de acordo com a Cláusula 67 do *Red Book* da *FIDIC 1999 Edition* pode ser executada por meio de sentença arbitral, não obstante ter sido objeto de uma notificação de insatisfação dentro do prazo previsto e independentemente do fato de os trabalhos terem sido concluídos.
>
> Outro caso internacional emblemático sobre o reconhecimento da possibilidade de se executar a decisão do *dispute board* foi aquele que ficou conhecido como *Persero Case*. Em tal caso, a Corte de Apelação de Cingapura reconheceu que um tribunal arbitral poderia emitir uma sentença final (e não provisória) determinando que as partes contratantes cumpram a decisão do comitê de adjudicação.[149]

Em que pese a manifesta possibilidade de execução, reforça-se aqui ser altamente recomendável que o contrato estabeleça com clareza esta possibilidade, e ainda crie outras sanções para desestimular o descumprimento das decisões do CRD. Tal medida robustece a segurança jurídica, principalmente enquanto a legislação ou a jurisprudência dos Tribunais Superiores não pacificarem a questão.

[149] FIGUEIREDO, Augusto Barros de; SALLA, Ricardo Medina. Op. cit., p.74-75.

5.3. Limites da atuação dos membros do CRD na busca pela autocomposição

Tem sido repetido que o CRD atua preventivamente e se vale tanto da autocomposição quanto da heterocomposição para resolução das divergências. Isto não quer dizer, em absoluto, que ele seja um substituto dos demais MESCs em qualquer situação, tendo em vista que, como é natural, ele possui as suas limitações.

No que se refere à heterocomposição os limites do CRD são mais claros. Qualquer que seja a hipótese, sempre será possível rediscutir uma deliberação do CRD. Mesmo no modelo DAB, o CRD consegue apenas impor uma solução temporária ao conflito, sendo que a solução definitiva dependerá da disposição das partes em acatá-la. Ainda assim, o sistema costuma ser desenhado de forma a desincentivar o caminho da contestação, estabelecendo prazos preclusivos curtos e o cumprimento de formalidades para que a parte insatisfeita possa recorrer à jurisdição adequada.

Em relação à autocomposição, todavia, os limites de atuação do CRD não são tão explícitos, e muitas vezes não recebem o devido tratamento. Se, por um lado, é certo que dentre os deveres dos membros do comitê se encontra o de incentivar as partes a discutir e resolver proativamente as possíveis disputas, antes que escalem até o ponto em que um procedimento formal de resolução seja iniciado; por outro, existe o dever, ainda mais relevante, de se manter neutro e evitar comportamentos que possam levar à percepção de falta de isenção.

A conciliação destes dois deveres impõe aos membros do CRD a necessidade de se colocar em uma situação paradoxal: devem estar próximos o bastante das partes para que possam antever o surgimento de possíveis conflitos, e estimular seu tratamento precoce; ao mesmo tempo em que devem manter uma distância necessária para preservação de sua imparcialidade, não apenas no aspecto subjetivo, mas também objetivo. Afinal, "*À mulher de César não basta ser honesta, deve parecer honesta*"[150].

Diante desta constatação, chega-se à conclusão de que uma das ferramentas mais usuais do processo de mediação, que é a realização de reuniões privadas entre o mediador e as partes, não deve ser adotada pelo CRD. Embora se reconheça a eficácia desta técnica no processo de mediação, com vistas a superar obstáculos que seriam difíceis em uma reunião conjunta

[150] Provérbio popular.

(expectativas irreais, assimetria de informações, barreira emocionais, etc.), ela não se revela factível dentro de um procedimento que poderá culminar com a imposição de uma determinação vinculante às partes.

Nem mesmo em se tratando de um DRB esta conclusão se alteraria. O nível de comprometimento dos membros do CRD com a imparcialidade não muda em razão do tipo de comitê. Ainda que uma recomendação não tenha a mesma força cogente de uma deliberação vinculante, ela pode causar tanto prejuízo quanto esta, eis que se trata de uma prova "superespecial", caracterizando-se quase como uma perícia prévia. Aliás, o contato privado de uma parte com um membro do CRD seria tão inconveniente quanto o contato de apenas uma das partes com um perito judicial, que também deve zelar por atender as partes em conjunto ou através das manifestações oficiais.

Poder-se-ia alegar que o sistema jurídico pátrio permite o contato individual das partes com o juiz, sem que isso importe em qualquer restrição quanto à sua imparcialidade[151]. Trata-se, todavia, de opção passível de críticas[152]. Ocorre que os meios extrajudiciais de solução de controvérsias surgiram, justamente, para dar tratamento diferenciado às falhas da jurisdição estatal. Além disso, se na jurisdição estatal a ausência ou perda do sentimento de confiança que as partes depositam no juiz é irrelevante – basta que o mesmo tenha sido legalmente investido na função e que inexistam causas de impedimento ou suspeição –, nos demais métodos de resolução de conflitos esta constatação é inversa. Em sendo adotados apenas por acordo de vontade entre as partes, é crucial que o elemento confiança com os atores do procedimento seja sólido.

Logo, algumas técnicas de autocomposição podem, e devem, ser utilizadas pelo CRD, como o silêncio e escuta ativa, acolhimento e legitimação,

[151] Sobre a questão, o Código de Ética da Magistratura estabelece que: "art. 9º [...] Parágrafo único. Não se considera tratamento discriminatório injustificado: I – a audiência concedida a apenas uma das partes ou seu advogado, contanto que se assegure igual direito à parte contrária, caso seja solicitado [...]". BRASIL. Conselho Nacional de Justiça. **Código de Ética da Magistratura**. Disponível em: <https://www.cnj.jus.br/codigo-de-etica-da-magistratura/>. Acesso em: 01 set. 2021.

[152] Conforme aponta o Ministro Edson Fachin em trecho do voto prolatado no HC 164.493: "[...] No Brasil, lamentavelmente, as conversas e as interações de apenas uma das partes com o juiz não são infrações funcionais, mas, antes, direito das partes [...]" HC 164493, Relator(a): EDSON FACHIN, Relator(a) p/ Acórdão: GILMAR MENDES, Segunda Turma, julgado em 23/03/2021, PROCESSO ELETRÔNICO DJe-106 DIVULG 02-06-2021 PUBLIC 04-06-2021.

perguntas ou questionamentos, resumo e reformulação[153]. Deve-se se evitar, porém, técnicas que tragam ao comitê uma postura ativa na proposição de soluções ou convencimento de alguma parte, bem como que demandem contato individual isolado com alguma delas. Além disto, deve-se evitar técnicas que induzam as partes a fornecer informações que voluntariamente jamais levariam ao conhecimento de algum julgador. O foco maior deve estar sempre na preservação da isenção e neutralidade, lembrando que a qualquer momento o comitê pode ser chamado a emitir um julgamento.

Corroborando o alegado, o Código de Conduta Ética da DRBF estipula em seu Cânone terceiro que: "*Não deve haver comunicação unilateral entre um membro do Conselho e uma parte contratante, exceto conforme permitido pelos procedimentos operacionais do Dispute Board ou conforme acordado entre as partes.*"[154] Aponta ainda, como exemplo de conduta imprópria e antiética dos membros do DB, a realização de reuniões ou comunicações privadas com apenas umas das partes contratantes.[155]

Outro ponto de atenção diz respeito à inviabilidade da elaboração de um procedimento formal de mediação. O CRD deve possuir procedimentos formais, e bem delimitados, no que se refere aos julgamentos para a emissão de recomendações ou deliberações. Já no que se refere ao incentivo para que as partes alcancem a autocomposição, não é à toa que atuação do CRD, no ponto, é denominada como uma assistência informal. E assim deve ser, sob pena de se arriscar a contaminação dos membros, com informações que podem posteriormente influenciar de maneira desequilibrada no seu convencimento.

Como ressaltado acima, o CRD não se presta a substituir por completo todos os demais MESCs. É apenas mais uma opção que se coloca às partes, só devendo ser adotado quando fizer sentido seu uso. Caso, por exemplo, o CRD ainda não tenha sido instalado, e o nível de beligerância esteja extremamente alto, sendo improvável a hipótese de autocomposição, pode ser mais eficiente levar a disputa diretamente à arbitragem ou ao Poder Judiciário. Por outro lado, se as partes demonstram divergências que poderiam ser equacionadas através de uma atuação mais efetiva de um conciliador

153 Para aprofundamento sobre as técnicas de autocomposição, vide: BRASIL. Conselho da Justiça Federal. **Manual de Mediação e Conciliação na Justiça Federal** / Bruno Takahashi ... [et al.]. – Brasília: Conselho da Justiça Federal, 2019, pp. 78/83.

154 RUSSO, Ann; ESATON Graham e outros. Op. cit., pp.46-47 (tradução nossa).

155 Ibidem.

ou mediador experiente, também pode ser mais eficiente conduzir o caso diretamente para conciliação/mediação.

Esta observação só reforça a conclusão que vem sendo defendida. A grande diferença do CRD para os demais MESCs é sua capacidade de atuar preventivamente e fornecer soluções de autocomposição e de heterocomposição com extrema rapidez. Mas isso só ocorre quando é adotado o comitê de formato permanente. Caso não tenha sido esta a opção, a escolha pela efetiva instalação do comitê no formato *ad hoc* deverá sempre ser precedida de uma análise de custo-benefício, levando-se em conta as peculiaridades do caso concreto, as limitações do CRD, e o fato de que ele iniciará seus trabalhos "do zero", assim como faria qualquer outro MESC.

5.4. Responsabilização dos membros do CRD

Diante da atual (ausência de) legislação nacional, e da inexistência de jurisprudência específica, a delimitação da responsabilização dos membros do CRD em razão de suas ações ou omissões é um tema de imensa nebulosidade.

Não há dúvida de que, assim como ocorre na arbitragem, ao aceitar exercer a função de membro do CRD o indicado assume uma relação contratual sinalagmática com as partes contratantes. Ocorre que nem sempre estas obrigações estão claramente dispostas no contrato tripartite assinado. Além disso, a relação estabelecida entre os membros do CRD e as partes contratantes ostenta natureza de uma relação fiduciária, o que, por si só, já é capaz de criar obrigações entre os partícipes.

Por analogia ao art. 13, § 6º da Lei Brasileira de Arbitragem[156], pode-se destacar alguns deveres dos membros do CRD: atuar com imparcialidade, independência, competência, diligência e discrição/confidencialidade. Acrescenta-se ainda, tal qual a arbitragem, o dever de revelação[157]. Ocorre que qualquer responsabilização baseada em analogia sempre terá elevado potencial de discussão, por isso a escolha de tratar o tema no presente capítulo.

[156] "Art. 13. [...] § 6º No desempenho de sua função, o árbitro deverá proceder com imparcialidade, independência, competência, diligência e discrição." (Lei Federal nº 9.307, de 23 de setembro de 1996)

[157] Neste sentido é a previsão do art. 6º, §1º, do PLS 206/2018 visto no *tópico 3.3.3:* "§ 1º As pessoas indicadas para funcionar como membro do Comitê têm o dever de revelar, antes da aceitação da função, qualquer fato que denote dúvida justificada quanto à sua imparcialidade e independência."

Para piorar a incerteza, o PLS 206/2018 aprovado pelo Senado não trata adequadamente as hipóteses de responsabilidade civil dos membros do CRD, tendo voltado seus olhos mais para a responsabilidade penal e por improbidade, como será visto. Logo, a primeira constatação que se faz é de que os deveres/obrigações assumidos pelos membros do CRD deverão estar detalhadamente descritos no contrato tripartite, de modo a gerar maior segurança jurídica.

Superada esta etapa, pode-se afirmar que a quebra de qualquer um dos deveres acima destacados poderá acarretar responsabilização civil dos membros do CRD. Via de regra esta responsabilidade será subjetiva, cabendo à parte comprovar a culpa do profissional, o que muitas vezes se revela bastante difícil. Penso, todavia, que uma hipótese poderia suscitar a responsabilização civil do membro do CRD de forma objetiva. Acaso documentos confidenciais fornecidos pelas partes venham a ser vazados quando em posse do membro do CRD, ainda que sem o seu consentimento – ataque *hacker*, por exemplo –, a responsabilidade objetiva poderia estar fundamentada na Teoria do Risco[158], adotada pelo Código Civil Brasileiro em seu art. 927, p.u., segundo o qual: "*haverá obrigação de reparar o dano, independente de culpa, nos casos especificados em lei, ou quando a atividade normalmente desenvolvida pelo autor do dano implicar, por sua natureza, risco para os direitos de outrem*".

Independente de se acatar, ou não, a responsabilidade objetiva ao caso, é certo que os membros do CRD devem estar preparados para o exercício de suas funções não apenas no que se refere ao conhecimento técnico e experiência profissional, mas também em relação ao domínio de recursos de TIC que garantam segurança efetiva na comunicação e armazenamento de dados entre as partes e os demais membros do comitê. Relembre-se que, via de regra, o CRD atuará em projetos de expressivo valor, que podem despertar interesses escusos de criminosos.

Uma última observação deve ser feita em relação à responsabilidade civil. Via de regra, a reforma da decisão do comitê pela via arbitral ou judi-

[158] Segundo Sérgio Cavalieri, juristas franceses, no final do século XIX, conceberam a teoria do risco como sendo uma probabilidade de dano, isto é, aquele que exercesse uma atividade perigosa deveria assumir os riscos e reparar o dano dela decorrente. Assim, todo prejuízo deveria ser atribuído ao seu autor e reparado por quem causou, independente de ter ou não agido com culpa. *In:* FILHO, Sergio Cavalieri. **Programa de responsabilidade civil**. 3 ed. São Paulo: Malheiros, 2002, p. 166.

cial não configura qualquer hipótese de responsabilização. Não há, por exemplo, quebra do dever de competência acaso o julgador discorde do mérito da decisão do CRD. Como muito já se falou nesta obra, o comitê não está em busca da "justiça perfeita", mas da "justiça possível". Logo, é da essência do mecanismo a possibilidade de revisão de suas decisões na via jurisdicional/arbitral, embora, na prática, isto ocorra poucas vezes.

Situação diversa pode existir, todavia, acaso uma decisão do CRD seja anulada por erro ou culpa grave de todo o comitê ou de um dos seus membros. Cite-se, como exemplo, a hipótese de um membro omitir propositalmente alguma relação com uma das partes que configuraria seu impedimento ou suspeição. Se isso ocasionar anulação de deliberações do comitê, este membro que descumpriu seu dever de revelação pode ser responsabilizado. É certo, todavia, que a quebra do dever de revelação deve ser analisada com bastante zelo, pois nem sempre são claras as hipóteses que deveriam configurar este dever.

Quando analisamos a responsabilidade dos membros do CRD sob a esfera penal, a insegurança atualmente existente é ainda maior. Tome-se o caso real citado no *tópico 3.7.3*, em que a Polícia Federal e o Ministério Público entenderam que o aditivo contratual firmado configuraria crime, mesmo que este tenha sido validado por decisão do comitê de resolução de disputas. Embora nenhuma responsabilidade penal tenha sido imputada aos membros do comitê neste caso, não é improvável que em casos futuros semelhantes alguém busque estabelecer um nexo causal entre a ação – e principalmente a omissão – do CRD e o fato que configura crime.[159] Poder-se-ia alegar que os membros do CRD possuíam algum domínio sobre a ação que gerou o dano, ou que, no mínimo, contribuíram para que ela ocorresse, devendo responder na medida da sua culpabilidade[160].

Não se concorda, de forma alguma, com este raciocínio, o que importaria em verdadeira aniquilação da independência técnica dos membros do comitê. Ocorre que diante da ausência de legislação específica, este é um risco real, na medida em que os membros do comitê não exercem juris-

[159] "Art. 13 – O resultado, de que depende a existência do crime, somente é imputável a quem lhe deu causa. Considera-se causa a ação ou omissão sem a qual o resultado não teria ocorrido." (Art. 13 do Decreto-Lei Federal nº 2.848, de 7 de dezembro de 1940, Código Penal Brasileiro)

[160] "Art. 29 – Quem, de qualquer modo, concorre para o crime incide nas penas a este cominadas, na medida de sua culpabilidade." (Art. 29 do Decreto-Lei Federal nº 2.848, de 7 de dezembro de 1940, Código Penal Brasileiro)

dição e, portanto, não podem se valer das garantias conferidas aos juízes pelo ordenamento pátrio, também estendidas aos árbitros.[161]

As incertezas não param por aí. Em se tratando de contratos públicos existem ainda outros questionamentos a serem feitos. Afinal, os membros do CRD poderiam ser penalmente responsabilizados na condição de funcionários públicos?

Pela legislação atual, esta equiparação é impossível. O art. 327 do Código Penal estabelece que: *"Art. 327 – Considera-se funcionário público, para os efeitos penais, quem, embora transitoriamente ou sem remuneração, exerce cargo, emprego ou função pública"*. Não se pode dizer que os membros do CRD exerçam cargo, emprego e nem função pública. Em se tratando de matéria penal não é admissível interpretação ampliativa do conceito de função pública, em prejuízo do Réu.

Logo, na hipótese de um membro aceitar dinheiro ou vantagem indevida do contratado para emitir decisão em seu favor, haverá dúvidas sobre o tipo penal a ser enquadrado. Embora no inconsciente coletivo trate-se de inegável ato de corrupção, pelas razões expostas não seria possível enquadrar a conduta no tipo penal da corrupção passiva (art. 317 do Código Penal), eis que faltaria ao membro do CRD a condição de estar exercendo uma função pública. A hipótese pode configurar, todavia, o crime de fraude em licitação ou contrato, inserido no art. 337-L do Código Penal pela nova Lei de Licitações, na sua modalidade residual: *"Art. 337-L. Fraudar, em prejuízo da Administração Pública, licitação ou contrato dela decorrente, mediante: [...] V – qualquer meio fraudulento que torne injustamente mais onerosa para a Administração Pública a proposta ou a execução do contrato"*.

Para evitar a insegurança apontada, o autógrafo de lei já aprovado pelo Senado Federal, no PLS 206/2018, prevê que:

> **Art. 7º** Os membros do Comitê, quando no exercício de suas funções ou em razão delas, ficam equiparados aos agentes públicos para os efeitos da legislação penal e da Lei nº 8.429, de 2 de junho de 1992, não podendo, contudo, ser responsabilizados por quaisquer atos e omissões, exceto quando agirem com dolo ou culpa grave ou mediante fraude.

[161] "Art. 18. O árbitro é juiz de fato e de direito, e a sentença que proferir não fica sujeita a recurso ou a homologação pelo Poder Judiciário." (Art. 18 da Lei Federal nº 9.307, de 23 de setembro de 1996)

> Parágrafo único. Os servidores e empregados públicos que participarem do processo de composição extrajudicial do conflito pelo Comitê ou derem cumprimento à respectiva recomendação ou decisão somente poderão ser responsabilizados civil, administrativa ou criminalmente quando agirem com dolo ou culpa grave ou mediante fraude.[162]

Trata-se de norma de fundamental importância para conferir segurança à atuação dos membros do CRD, e ao próprio instituto, em diversos aspectos. Por um lado, a proposta reforça a responsabilidade dos membros do CRD no desempenho de suas funções, sob pena de responderem penalmente e por improbidade na condição de agentes públicos. Lado outro, a previsão confere aos membros do CRD a garantia de que só poderão ser responsabilizados quando agirem com dolo, culpa grave ou fraude. Esta garantia, se não excluiu por completo, por certo que reduz bastante a possibilidade de que os membros do CRD venham a ser responsabilizados tão somente pelo fato de terem opiniões divergentes dos órgãos de controle, o que é indispensável para que os mesmos possam exercer suas funções com a independência que deles se espera.

Outra previsão de extremo relevo é aquela do parágrafo único, que garante aos servidores e empregados públicos que participarem do procedimento do CRD, ou derem cumprimento às suas recomendações ou decisões, a mesma garantia de que somente poderão ser responsabilizados quando agirem com dolo, culpa grave ou fraude. Embora não se trate necessariamente de uma inovação, na medida em que o ordenamento jurídico atual já confere esta garantia, trata-se de uma previsão essencial para dar segurança aos agentes públicos, evitando-se que venham a ocorrer novos casos como aquele descrito no tópico *3.7.3.*

Não se espera que a aprovação do projeto de lei seja suficiente para dirimir todas as eventuais controvérsias sobre a responsabilização dos membros do CRD e dos demais participantes do procedimento. Assim como já percebido em relação aos outros MESCs, procedimentos que incluem agentes privados em colaboração para a resolução de conflitos oriundos de contratos públicos são fontes de incertezas, principalmente em países de *Civil Law*, acostumados a um alto grau de burocracia estatal e beligerância jurisdicional. Some-se a isso a existência de um sistema de fiscalização

[162] Brasil. Senado Federal. Loc. Cit.

no Brasil com múltiplos órgãos de controle, com sobreposição de atuação, autonomia e independência.

Esta realidade, todavia, não pode ser um empecilho insuperável para a implantação efetiva dos MESCs no Brasil. O país não pode prescindir dos inegáveis ganhos de eficiência comprovadamente demonstrados por eles, e o sistema jurisdicional tradicional já demonstra claros sinais de colapso. É preciso, todavia, que sejam conferidas a cada MESC todas as ferramentas e garantias que eles necessitam. Ainda pior do que deixar de implantar um mecanismo que já se mostrou tão eficaz na experiência internacional, é fazê-lo de forma deturpada, produzindo falsas percepções.

No caso do CRD, isso passa claramente pela estipulação de regras claras, que, ao mesmo tempo em que reforcem a possibilidade de responsabilização destes profissionais por dolo ou fraude, lhes confira a garantia indispensável de que não poderão ser responsabilizados meramente por suas opiniões. O mesmo se diga em relação aos agentes públicos participantes do procedimento, que devem possuir independência para adotar as condutas que entendam ser mais adequadas à persecução do interesse público, sem medo de que possam ser responsabilizados simplesmente porque não resistiram a uma determinada pretensão do contratado, ou não buscaram o agravamento do conflito.

Impossível aqui não relembrar, mais uma vez, a legislação peruana, que traduz esta segurança ao determinar que o agente público, sob pena de responsabilidade, fundamente adequadamente a razão de optar por não acatar uma decisão do CRD e iniciar uma disputa arbitral. Tal norma passa uma clara mensagem ao agente público, e aos órgãos de controle, de que a regra deve ser o respeito às decisões do CRD, e o prolongamento do conflito – que gera inegáveis custos financeiros e sociais – deve ser a exceção.

5.5. Conflitos eventuais em face da atuação fiscalizatória dos órgãos de controle

Viu-se no *tópico 3.7.2* que no primeiro caso específico sobre CRD julgado pelo Plenário do Tribunal de Contas da União os Ministros do TCU divergiram da área técnica e permitiram que o CRD fosse adotado numa concessão rodoviária. Inobstante, condicionaram seu uso efetivo à edição de regulamentação prévia pela ANTT.

Ainda que este precedente robusteça a viabilidade de adoção do CRD nos contratos públicos, principalmente se o PLS 206/2018 virar lei, isto não quer dizer, em absoluto, que haverá uma convivência harmônica entre a atuação dos comitês e a atividade fiscalizatória dos órgãos de controle, nos casos concretos. Principalmente no que se refere à função adjudicativa dos comitês, em que já é possível antever dissenso.

Historicamente, o TCU manifestou resistência no que se refere à operacionalização efetiva dos MESCs em contratos administrativos. No Acórdão 1234/2004-Plenário[163], embora tenha reconhecido a possibilidade de transação efetuada pela Administração Pública, apontou-se que esta, além da observância das normas legais específicas e do sistema de pagamento por precatórios, deveria ser precedida de "*uma criteriosa avaliação em termos de economicidade, ou seja, que o acordo seja financeiramente benéfico à União.*" Ressaltou-se, ainda, que os acordos se sujeitam ao exame do Tribunal quando da apreciação dos atos de gestão da autoridade signatária, com exceção dos aspectos relativos à conveniência e oportunidade de sua realização.

Com base nesse raciocínio, se o gestor se recusar injustificadamente a fazer um acordo vantajoso e, com isso, gerar prejuízo ao ente público, nada poderá sofrer, pois a análise da conveniência da elaboração do acordo não cabe ao TCU. De outra banda, se adotar todas as cautelas legais e entabular um acordo que, em sua ótica, é bastante vantajoso, poderá ter problemas diante da análise do conceito, um tanto quanto subjetivo, de economicidade. Como se vê, o incentivo que se cria, mais uma vez, vai na contramão da consensualidade.

Já em 2012, mesmo diante da pacificação jurisprudencial a respeito da constitucionalidade da Lei da Arbitragem, o TCU prolatou o Acórdão nº 2573/2012-Plenário[164], em que entendeu pela "*inaplicabilidade da arbitragem para resolução de divergências relativas às questões econômico-financeiras do contrato de concessão*". Vale lembrar que a nova Lei de Licitações superou este entendimento, eis que seu art. 151, p.u., passou a prever expressamente que os meios alternativos de prevenção e resolução de controvérsias – dentre

[163] BRASIL. Tribunal de Contas da União. Plenário. **ACÓRDÃO nº 1234/2004**. Brasília: Tribunal de Contas da União, 25 ago. 2004. Disponível em: <https://pesquisa.apps.tcu.gov.br/#/documento/acordao-completo/*/KEY%253AACORDAO-COMPLETO-20310/DTRELEVANCIA%2520desc/0/sinonimos%253Dfalse >. Acesso em: 01 set. 2021.

[164] BRASIL. Tribunal de Contas da União. Plenário. **ACÓRDÃO nº 2573/2012**. Brasília: Tribunal de Contas da União, 26 set. 2012. Disponível em: <https://contas.tcu.gov.br/sagas/SvlVisualizarRelVotoAcRtf?codFiltro=SAGAS-SESSAO-ENCERRADA&seOcultaPagina=S&item0=426207>. Acesso em: 01 set. 2021.

eles o CRD – poderiam ser aplicados às controvérsias relacionadas ao restabelecimento do equilíbrio econômico-financeiro do contrato.

Mais recentemente, no julgamento do ACÓRDÃO 3160/2020-Plenário[165], o Tribunal reconheceu o importante papel da arbitragem como ferramenta de atração de investimentos privados para projetos de infraestrutura, destacando a legalidade de sua adoção para resolução dos conflitos, inclusive, com a utilização de câmaras privadas. Ainda assim, introduziu uma premissa preocupante em relação ao que chamou de "fase pós-arbitral", em que caberia ao TCU o acompanhamento do cumprimento da sentença arbitral, para que fosse verificado, por exemplo, "*se a sentença favorável ou não à Administração foi fundamentada em padrões mínimos de razoabilidade e se o cumprimento da sentença condenatória de obrigação de fazer ocorre de modo compatível com as disponibilidades e limites orçamentários.*"

Também no julgamento do ACÓRDÃO 1563/2020-Plenário[166] o Tribunal manifestou entendimento parecido – e igualmente preocupante – de que a dívida apurada e objeto de condenação na arbitragem, muito embora seja irrecusável no âmbito do TCU, e constitua débito líquido e de exigibilidade direta, não afastaria a competência do Tribunal para calcular um valor diferente.

Perceba-se, então, que se o TCU entende que pode controlar "padrões mínimos de razoabilidade" e revisar valores já líquidos e certos de condenações arbitrais, que se equiparam às decisões judiciais transitadas em julgado, o que não dizer das "simples" recomendações e deliberações do CRD, que não possuem qualquer natureza jurisdicional?

Pela literalidade do art. 71, §§ 1º e 2º da Constituição Federal[167], não cabe ao TCU sustar diretamente a execução de contratos públicos. Apurada

[165] BRASIL. Tribunal de Contas da União. Plenário. **ACÓRDÃO nº 3160/2020**. Brasília: Tribunal de Contas da União, 25 nov. 2020. Disponível em: <https://contas.tcu.gov.br/sagas/SvlVisualizarRelVotoAcRtf?codFiltro=SAGAS-SESSAO-ENCERRADA&seOcultaPagina=S&item0=715145>. Acesso em: 01 set. 2021.

[166] BRASIL. Tribunal de Contas da União. Plenário. **ACÓRDÃO nº 1563/2020**. Brasília: Tribunal de Contas da União, 17 jun. 2020. Disponível em: <https://contas.tcu.gov.br/sagas/SvlVisualizarRelVotoAcRtf?codFiltro=SAGAS-SESSAO-ENCERRADA&seOcultaPagina=S&item0=711199>. Acesso em: 01 set. 2021.

[167] "Art. 71. O controle externo, a cargo do Congresso Nacional, será exercido com o auxílio do Tribunal de Contas da União, ao qual compete: [...] § 1º No caso de contrato, o ato de sustação será adotado diretamente pelo Congresso Nacional, que solicitará, de imediato, ao Poder Executivo as medidas cabíveis. § 2º Se o Congresso Nacional ou o Poder Executivo, no prazo

qualquer ilegalidade, deve ser feita comunicação ao Congresso Nacional, para que este solicite ao Poder Executivo, se assim entender necessário, a adoção das medidas cabíveis. Apenas em caso de mora do Congresso ou do Poder Executivo é que a deliberação poderia ser feita pelo próprio Tribunal de Contas. Como alerta Conrado Tristão: "*A lógica constitucional é que a decisão sobre a interrupção de contratos, devido ao potencial impacto sobre interesses gerais, deve levar em conta outros elementos para além do juízo técnico de regularidade próprio dos tribunais de contas.*" [168]

Logo, como o CRD é decorrente de um arranjo contratual, a princípio não seria possível que o TCU determinasse diretamente a sustação dos efeitos de qualquer uma de suas decisões, sem ao menos observar o procedimento supra apontado. Ocorre que, como alerta o próprio autor citado, os tribunais de contas, por diferentes caminhos, têm buscado sustar contratos. O TCU, por exemplo, entende ser possível a "determinação de retenções cautelares" à administração para "suspensão dos pagamentos" à contratada – o que, na prática, enseja a própria paralisação do contrato.[169]

Diante desta realidade, beira à ingenuidade imaginar que os tribunais de contas não irão interpretar de forma alargada sua própria competência, no sentido de que podem apreciar as decisões técnicas do CRD e emitir determinações aos gestores públicos que sejam contrárias ao seu teor. Inclusive, a cláusula modelo para o uso do CRD sugerida pela SPPI[170], provavelmente objetivando diminuir a resistência do TCU à adoção do mecanismo, estabelece que: "***1.14.*** *A constituição de Comitê de Prevenção e Resolução de Divergências e a apresentação de manifestações fundamentadas por este não afetam as prerrogativas e competências dos órgãos de controle.*"

Trata-se, todavia, de uma redundância que mais atrapalha que ajuda. É claro que, salvo na existência de expressa disposição legal, nenhuma cláusula contratual oriunda da autonomia de vontade das partes poderia

de noventa dias, não efetivar as medidas previstas no parágrafo anterior, o Tribunal decidirá a respeito." (Art. 71, §§ 1º e 2º da Constituição da República Federativa do Brasil de 1988)

[168] TRISTÃO. Conrado. Tribunais de contas podem sustar contratos? Nova lei de licitações reforça lógica constitucional. **Jota**, 15 set. 2021. Disponível em: <https://www.jota.info/opiniao-e-analise/colunas/controle-publico/tribunais-de-contas-podem-sustar-contratos-15092021>. Acesso: 21 nov. 2021.

[169] Ibidem.

[170] BRASIL. Casa Civil. Secretaria Especial do Programa de Parcerias de Investimentos. Loc cit.

suprimir a competência dos órgãos de controle. Todavia, a contenção da atuação dos tribunais de contas, no caso, como demonstrado, é baseada na própria Constituição, e não em qualquer instrumento contratual que se possa estabelecer. Ocorre que a estipulação deste tipo de cláusula, num contrato público, pode transmitir a falsa impressão de que os membros do CRD estariam submetidos ao entendimento dos tribunais de contas, o que seria absurdo.

No exercício de suas funções, os membros do comitê devem se guiar, tão somente, pelas normas do contrato, eventuais leis aplicáveis e por sua livre consciência/autonomia técnica. Logo, eles não estão obrigados a seguir o entendimento dos órgãos de controle que inclusive, não raras vezes, se altera com o passar do tempo. Qualquer tentativa de vinculação dos membros do CRD neste sentido importaria em gravíssima restrição ao exercício profissional. É da essência do CRD a independência e autonomia dos seus membros para decidir, sem a qual o CRD simplesmente não existe.

Pode-se questionar, todavia, qual seria a utilidade prática do CRD em contratos públicos se, ao final e ao cabo, suas deliberações poderão ser revisadas pelos tribunais de contas, ainda que indevidamente? Penso em algumas.

Em primeiro lugar, ainda que o CRD não blinde totalmente o projeto de eventuais interferências indevidas dos órgãos de controle, ele já traz uma segurança muito grande às partes, em especial aos gestores públicos, de que podem adotar determinado caminho sem temer uma responsabilização pessoal posterior. Isto, inclusive, estará positivado de forma expressa no ordenamento jurídico acaso o PLS 206/2018 se torne lei (vide tópico *3.3.3*). Ou seja, ainda que o TCU determine a revisão de uma deliberação do comitê, ele não poderá punir o gestor que tiver apenas cumprido uma decisão vinculativa de um DAB/CDB. Faltaria o elemento volitivo, o controle sobre a ação que o ente público foi obrigado a adotar.

Não se trata de uma garantia pequena, na medida em que nem mesmo os pareceres favoráveis dos órgãos de advocacia pública tem conseguido proteger o gestor, ainda que este siga integralmente a recomendação proferida. Mas esta garantia, relembre-se, só existirá acaso se adote um modelo de CRD que emita decisões vinculativas, dado que se a manifestação do comitê se limitar a uma recomendação, ainda será possível imputar responsabilidade ao gestor que optar por segui-la.

Em segundo lugar, a atuação do CRD possibilitará a elaboração de uma prova técnica, pré-constituída, que facilitará eventual impugnação da decisão dos tribunais de contas pelas partes na via judicial. Na eventualidade de um tribunal de contas emitir determinações que, na prática, esvaziem uma decisão do CRD, a parte afetada por esta decisão já teria em suas mãos uma prova relevante, elaborada por profissionais imparciais e de renome, que (muitas vezes) acompanharam a execução do contrato desde o início. Isto, por certo, aumenta as chances de êxito no questionamento, abrindo-se a possibilidade, inclusive, dos membros do CRD serem ouvidos em juízo para explicarem seu posicionamento com mais detalhamento, se preciso for.

Ou seja, ainda que as decisões do CRD venham a ser apreciadas e, eventualmente, mitigadas pelos tribunais de contas, elas já conferem segurança jurídica às partes de que não sofrerão responsabilização pessoal em decorrência do seu cumprimento, e robustecem as posições processuais daqueles que desejarem questionar o posicionamento dos órgãos de controle em juízo.

Isto espelha a própria finalidade histórica de criação do DB, que não é ter a palavra final, e definitiva, sobre qualquer questão. O comitê foi criado para ser um elemento de segurança técnica e jurídica do projeto, que traz decisões céleres e bem fundamentas para impedir que as obras ou serviços paralisem. Mesmo quando estas decisões não forem capazes de resolver o conflito em definitivo, irão evitar que o conflito se agrave ainda mais, e conferir a clareza possível para que as partes continuem a caminhar num ambiente de incertezas.

Outra vantagem do uso do CRD ainda se pode vislumbrar. Com o desenvolvimento do mecanismo e o aumento da confiança, a posição da junta técnica poderá influenciar no entendimento dos próprios órgãos de controle. Afinal, além da manifestação de suas próprias áreas técnicas, os julgadores passarão a ter acesso a outras análises técnicas sobre o caso. Isto, consequentemente, enriquecerá o debate, e trará aos julgadores a obrigação de fundamentação específica, caso optem por desconsiderar a deliberação do CRD.

Se a realidade observada na experiência internacional se repetir no Brasil, com o passar do tempo e os resultados concretos que forem sendo construídos, o próprio TCU passará a ver o CRD muito mais como um aliado na busca pela probidade e eficiência das contratações públicas, do que qualquer outra coisa. Isto porque, se as cláusulas contratuais – elaboradas pela própria Administração – estiverem de acordo com as recomendações dos próprios órgãos de controle, o CRD será, ainda que indiretamente, uma ferramenta de governança pública, pois atuará para que estas cláusulas sejam cumpridas de modo efetivo ao longo de toda execução contratual.

Por certo que este caminho será longo e muitos conflitos entre a atuação do CRD e os órgãos de controle ainda poderão ocorrer. Mas, como visto, o uso do mecanismo já traz vantagens imediatas, inclusive em face destes eventuais conflitos. Não há dúvidas, todavia, que o TCU terá papel fundamental para a efetivação do mecanismo no Brasil. Afinal, o próprio órgão que fez o levantamento alarmante da existência de mais de 14.000 obras públicas paralisadas no país (tópico *3.1*), deve ser o principal incentivador de um mecanismo criado, justamente, para facilitar a execução dos contratos e impedir a paralisação dos projetos; e que traz de bônus, consigo, um histórico de grande efetividade na experiência internacional.

6
CONCLUSÃO

Embora não haja comprovação segura, constuma-se atribuir à Albert Einstein a frase: "*insanidade é continuar fazendo sempre a mesma coisa e esperar resultados diferentes*". Independente da autoria, a frase ilustra uma obviedade que às vezes é bem difícil de ser percebida no dia a dia. Levantamento feito pelo Senado Federal, no ano de 1995, apontava um grave problema de paralisação de obras públicas no Brasil. Levantamento feito pelo Tribunal de Contas da União, no ano de 2019, continua a retratar o mesmo problema, com ainda maior agravamento.

De lá para cá, apesar da profusão de novas normas e regulamentos, continuou-se, de certa forma, a encarar as contratações públicas do mesmo jeito: um emaranhado de procedimentos cuja observância é mais importante do que os resultados efetivamente alcançados. Além disso, a Administração Pública tem buscado, quase sempre dentro de si mesma, a solução de todas as suas mazelas. Órgãos públicos fiscalizam órgãos públicos, que são julgados por outros órgãos públicos, sem prejuízo do acesso à jurisdição estatal, cuja única certeza é a de que a solução definitiva irá tardar.

Os contratos públicos no Brasil têm sido elaborados dentro de uma base normativa que em vez de estimular a colaboração, estimula o conflito. A busca pelo comportamento esperado do contratado, quase sempre, é feita através de estímulos negativos, punições e ameaças. Com isso, ao primeiro sinal de problemas, abandona-se o foco na conclusão do projeto, para concentrar-se na defesa. O projeto fica em segundo plano diante das pretensões individuais de cada parte. Se os resultados ruins não mudaram muito ao longo de décadas, é porque as práticas continuam as mesmas.

Neste sentido, buscou-se estimular o uso do *Dispute Board* nos contratos públicos. Trata-se de um misto de instrumento de governança contratual com método de prevenção e resolução de conflitos. Este mecanismo foi criado, justamente, para lidar com esta realidade narrada, de litigiosidade arraigada e paralisação de projetos. Através da análise da experiência internacional, foi possível encontrar resultados expressivos no que se refere à efetividade na prevenção e solução dos conflitos, inclusive em obras de extrema complexidade, como a construção do aeroporto de Hong Kong ou do Eurotunel.

Com base nas melhores práticas preconizadas por associações e instituições dedicadas ao seu estudo (DRBF, FIDIC, ICC), buscou-se entender as razões de sucesso do mecanismo, o que levou à conclusão de que o grande diferencial está no fato do comitê começar a atuar desde o início da execução contratual, quando ainda inexiste qualquer divergência entre as partes. A partir de então, a atuação do comitê, seja prestando uma assistência informal, seja emitindo recomendações ou decisões vinculativas, tem relevante papel na prevenção e resolução de conflitos.

A rapidez com que ocorre a resolução destes conflitos também ajuda a explicar o sucesso do CRD, contrapondo-se à conhecida morosidade da justiça estatal, e até mesmo à demora que já se experimenta em muitos procedimentos arbitrais. Os custos, por sua vez, são expressivamente inferiores aos da arbitragem, o que também favorece a relação de custo-benefício. Os membros do CRD não concentram suas atenções nas pretensões individuais das partes, mas na execução do projeto. O CRD é uma "criatura do contrato", que serve ao contrato, e não a qualquer parte em específico.

Da experiência internacional ampla, a pesquisa migrou para a realidade nacional, tendo concluído que já existe base normativa suficiente para justificar a plena adoção do CRD nos contratos públicos nacionais. Foram analisados, também, alguns projetos de lei com avançada tramitação legislativa, que irão acrescentar ainda mais segurança jurídica ao seu uso.

Prosseguindo, concluiu-se que os deveres de eficiência e manutenção do equilíbrio econômico-financeiro dos contratos são os principais indutores do uso do CRD em contratos administrativos, e que sua utilização não fica limitada aos contratos de obra ou a qualquer outro tipo contratual. Ainda assim, estabeleceu-se algumas balizas para guiar a adoção do mecanismo nos contratos públicos, a saber: *(i) valor do contrato; (ii) conti-*

nuidade da execução; (iii) nível de imprevisibilidade do projeto; e (iv) potencial de atraso e geração de disputas.

Através da análise de alguns casos concretos em que o CRD foi questionado perante tribunais e órgãos de controle, a pesquisa apurou que, ressalvando algumas exceções preocupantes, a acolhida tem sido positiva, o que não significa que será sempre harmônica. Com base em todas estas conclusões, foi possível tecer orientações propositivas para a estruturação de uma cláusula de CRD equilibrada e eficiente, adequada a cada tipo de projeto.

A realidade com que o mecanismo vem sendo implantado no Brasil, todavia, fez emergir uma constatação um tanto quanto preocupante. Está sendo privilegiado demasiadamente o formato *ad hoc,* que é um formato "desnaturado" do CRD. A maioria das normas que vem sendo editadas, embora não vedem o formato permanente, acabam por quase inviabilizá--lo, ao não regulamentar suas especificidades. Isto se reflete nos contratos públicos atuais que tem adotado o CRD, quase todos no formato *ad hoc.*

A conclusão central desta obra recomenda que esta realidade seja urgentemente alterada. Os comitês *ad hoc* não são uma versão mais simplificada do CRD, que justificasse ser testada inicialmente. Ao contrário, o CRD já nasceu no seu formato permanente, e apenas quando bem sedimentado seu uso neste formato é que foi adaptado para possibilitar, também, o formato *ad hoc.* Trata-se, todavia – e assim deve ser encarado –, de uma hipótese de exceção.

Na verdade, o comitê *ad hoc* é quase tão distante do formato permanente quanto dos demais MESCs. Se em ambos os formatos o CRD é um MESC, apenas no formato permanente é, também, um instrumento de governança contratual. Se em ambos os formatos o CRD atua para resolver disputas, apenas no formato permanente ele também consegue preveni--las. Isto sem falar no tempo de resposta, expressivamente menor no formato permanente, em que os membros do comitê já estão familiarizados às partes, ao projeto, e às suas peculiriades fáticas.

O CRD não tem a capacidade, e nem a pretensão, de substituir os demais métodos de resolução de conflitos. Desponta apenas como mais uma ferramenta, que produzirá bons resultados tanto quanto seja utilizada nos casos, e da forma, adequados. Ele difere dos demais, todavia, em um ponto fundamental. Não busca apenas resolver os litígios, mas evitá--los. Não se limita a equacionar as pretensões individuais das partes, mas busca soluções que permitam a continuidade da execução contratual. E isso com uma velocidade de resposta inigualável.

O sucesso de um CRD não deve ser medido pelo número de conflitos que resolveu, mas pelos que conseguiu evitar. Um comitê que tenha atuado em uma série de disputas formais ao longo de seu funcionamento pode ter alcançado um êxito bem inferior ao de outro que nem chegou a mediar nenhuma disputa, mas atuou proativamente, auxiliando as partes ao longo de todo o projeto.

Ainda que o formato *ad hoc* seja mais palatável para a tradição brasileira, deve-se buscar uma mudança cultural, que permita que o mecanismo seja utilizado com a mesma completude e confiança observadas nos contratos públicos internacionais. Burocracia não pode ser um fim em si mesma. Defesa do interesse público não é sinônimo de litigiosidade. Pagar menos não necessariamente é pagar melhor. Agentes públicos não são os únicos ungidos capazes de promover o real interesse público.

Conclui-se, assim, que *Dispute Boards* funcionam e possuem total sinergia com alguns tipos de contratações públicas. Deve-se, todavia, resistir à tentação de desvirtuar o mecanismo, adaptando práticas e procedimentos que já tiveram sua eficácia comprovada mundialmente.

Deixemos de lado as jabuticabas!

REFERÊNCIAS[171]

ARAGÃO, Alexandre Santos de. **Agências reguladoras e a evolução do direito administrativo econômico**. 3. ed. Rio de Janeiro: Forense, 2013.

BORGES, André. Com dívida de R$ 9 bi, obra de Angra 3 segue sem previsão de término. **UOL**, São Paulo, 07 nov. 2020. Disponível em: <https://economia.uol.com.br/noticias/estadao-conteudo/2020/09/07/angra-3-ainda-e-uma-incognita-bilionaria.htm>. Acesso em: 20 dez. 2021.

________. **Empresas Estatais: o regime jurídico das empresas públicas e sociedades de economia mista**. São Paulo: Forense, 2017.

BRASIL. Conselho da Justiça Federal. **Enunciados aprovados na I Jornada "Prevenção e Solução Extrajudicial de Litígios"**. Disponível em: <http://www.cjf.jus.br/cjf/corregedoria-da-justica-federal/centro-de-estudos-judiciarios-1/publicacoes-1/cjf/corregedoria-da-justica-federal/centro-de-estudos-judiciarios-1/prevencao-e-solucao-extrajudicial-de-litigios/?_authenticator=60c7f30ef0d8002d17dbe298563b6fa2849c6669>. Acesso em: 11 jun. 2019.

________. Casa Civil. Secretaria Especial do Programa de Parcerias de Investimentos. **Nota Técnica nº 4/2019/STR/SPPI**. Brasília: Casa Civil, 28 out. 2019. Disponível em: <https://www.ppi.gov.br/html/objects/_downloadblob.php?cod_blob=6794>. Acesso: 07 nov. 2020.

________. Senado Federal. Comissão temporária das obras inacabadas. **Relatório final**. Brasília: Senado Federal, 1995. Disponível em: <http://legis.senado.leg.br/sdleg-getter/documento?dm=4281076&disposition=inline >. Acesso em: 15 nov. 2020.

________. Supremo Tribunal Federal. **Ação Civil Originária 3315**. Relator: Min. Alexandre de Morais. Disponível em: <http://portal.stf.jus.br/processos/detalhe.asp?incidente=5818587>. Acesso em: 24 mai. 2021.

________. Tribunal de Contas da União. Plenário. **Auditoria operacional sobre obras paralisadas**. Acórdão nº 1.079/2019. Brasília: Tribunal de Contas da União, 15 mai. 2019. Disponível em: <https://portal.tcu.gov.br/lumis/portal/file/fileDownload.jsp?fileId=8A81881F6CCB7DF3016CDDFF34DD0583>. Acesso em: 15 nov. 2020.

CAMARB. **Regulamento de Dispute Board**. Disponível em: <http://camarb.com.br/wp-content/uploads/2017/05/

[171] De acordo com a Associação Brasileira de Normas Técnicas (ABNT NBR 6023)

Regulamento-de-DB-CAMARB-2017--FINAL-.pdf>. Acesso em: 11 jun. 2019.

CARMONA, Carlos Alberto. Arbitragem e processo. **Arbitragem e Processo – Um Comentário à Lei nº 9.307/96.** São Paulo: Atlas, 2009, 3ª. ed.

CARVALHO, André Castro; LINO, Marcos dos Santos. O *dispute board* nos contratos de concessão de serviços públicos. *In*: MARCONDES, Fernando (org.). **Direito da construção: estudos sobre as várias áreas do direito aplicadas ao mercado da construção**. São Paulo: Pini, 2014.

CBMA. **Regulamento do Comitê de Resolução de Disputas (CRD ou Dispute Board).** Disponível em: < http://www.cbma.com.br/regulamento_dispute_board>. Acesso em: 21 jul. 2021.

CCBC. Centro de Arbitragem e Mediação. **Regulamento para o Comitê de Prevenção e Solução de Disputas do CAM-CCBC.** Disponível em: < https://ccbc.org.br/cam-ccbc-centro-arbitragem-mediacao/resolucao-de-disputas/dispute-boards/regulamento-2018/>. Acesso em: 26. Jul. 2021.

CHAPMAN. Peter H. J. The Use of Dispute Boards on Major Infrastructure Projects. **The Turkish Commercial Law Review**, Vol. 1, Nº 3, October 2015. Disponível em: <http://the-tclr.org/wp-content/uploads/2015/11/TCLR_3--web-051.pdf>. Acesso: 04 nov. 2021.

CHERN, Cyril. **CHERN ON DISPUTE BOARDS:** Practice and Procedure. 3ª Edição. Nova Iorque: Informa Law from Routledge, 2015.

COELHO, Arlis de Oliveira. **Dispute Board – Meio Extrajudicial de Prevenção de Litígios e Preservação das Relações Negociais.** 2017. Tese (Bacharelado em Ciências Jurídicas e Sociais) – Faculdade de Direito da Universidade Federal do Rio Grande do Sul, Porto Alegre, 2017.

DI PIETRO, Maria Sylvia Zanella. As possibilidades de arbitragem em contratos administrativos. **Consultor Jurídico.** 24 set. 2015. Disponível em: <https://www.conjur.com.br/2015-set-24/interesse--publico-possibilidades-arbitragem--contratos-administrativos2>. Acesso em: 21 dez. 2021.

DRBF – DISPUTE RESOLUTION BOARD FUNDATION. Disponível em: <https://www.drb.org>. Acesso em: 07 nov. 2020.

FERNADES, Michelle Cristina Santiago. **Dinâmica dos Dispute Boards e perspectivas de utilização em contratos de construção no Brasil**. Dissertação (Mestrado em Ciências) – Escola Politécnica da Universidade de São Paulo. Departamento de Engenharia de Construção Civil, São Paulo, 2019.

FGV. Câmara de Mediação e Arbitragem. **Regulamento para Comitê de Solução de Controvérsias**. Disponível em: <https://camara.fgv.br/artigos/regulamento-para-comite-de-solucao-de-controversias>. Acesso em: 21 jul. 2021.

FIDIC. **Conditions of Contract for Construction MDB Harmonised Edition**. Disponível em: <https://fidic.org/node/529>. Acesso: 18 dez. 2021.

FIDIC. **The FIDIC Golden Principles**, 1ª ed., Genebra, 2019. Disponível em: <ttps://fidic.org/books/fidic-golden-principles-2019>. Acesso em: 09 nov. 2021.

FIESP. Câmara de Conciliação, Mediação e Arbitragem. **Regulamento do Comitê de Prevenção e Solução de Controvérsias**. Disponível em: <https://www.camaradearbitragemsp.com.br/pt/dispute-boards/regulamento.html>. Acesso em: 26 jul. 2021.

FIGUEIREDO, Augusto Barros de; SALLA, Ricardo Medina (coord.). **Manual de Dispute Boards.** São Paulo: Quartier Latin. 2021.

FILHO, Sergio Cavalieri. **Programa de responsabilidade civil**. 3 ed. São Paulo: Malheiros, 2002, p. 166.

FRANCO REGJO, Eric. Las Juntas de Resolución de Disputas (Dispute Boards) em La Nueva Ley de Contrataciones Del Estado Peruano. **Arbitraje PUCP**, n. 6, 2016.

GARCIA, Flávio Amaral. **O Dispute Board e os Contratos de Concessão.** Disponível em: <http://www.direitodoestado.com.br/colunistas/flavio-amaral-garcia/o-dispute-board-e-os-contratos-de-concessao>. Acesso em 11.06.2019.

GARCÍA, Roberto Hernández. Dispute boards (paneles de solución de controvérsias) em Latinoamérica: retos y perspectivas de un fascinante medio de solución de controvérsias. In: GARCÍA, Roberto Hernández (org.). **Dispute boards in Latinoamérica experiências y retos.** Lince: Estudio Mario Castillo Freyre, 2014.

________, Why Dispute Boards Are An Excellent Dispute-Resolution Tool During The COVID-19 Crisis. **American Bar Association**, Chicago, 03 ago. 2021. Disponível em: <https://www.americanbar.org/groups/construction_industry/publications/under_construction/2020/summer2020/why-dispute-boards-are-an-excellent-dispute-resolution-tool/. Acesso em: 15 mar. 2021.

GUEDES, Katucia Maria Lauricella. **Considerações acerca dos Dispute Boards e perspectivas de sua utilização no mercado brasileiro.** TCC (LL.M Direito dos Contratos). São Paulo: Insper, 2017.

LACRETA, Isabela (org). **Arbitragem Nacional e Internacional,** 1ª ed., Rio de Janeiro: Elsevier, 2012.

LEMES, Selma. Arbitragem e Administração pública: passado, presente e futuro. In: VILLA-LOBOS, Nuno; PEREIRA, Tânia Carvalhais (org.). **Arbitragem em Direito Público**. São Paulo: FGV Projetos/CAAD, 2019. Disponível em: https://fgvprojetos.fgv.br/publicacao/arbitragem-em-direito-publico. Acesso em: 04 fev. 2022.

LIMA, Renata Faria Silva. Contratos administrativos: mecanismos privados para resolução de disputas. *In:* BATISTA JÚNIOR, O. A.; ARÊDES, S. N.; MATOS, F. N. de. (Coord.). **Contratos administrativos (estudos em homenagem ao Professor Florivaldo Dutra de Araújo)**. Belo Horizonte: Fórum, 2014.

LIMA, Renata Faria Silva; NICOLI, Pedro Augusto Gravatá; NOVAIS, Roberto Cançado Vasconcelos; VAZ, Gilberto José. Os dispute boards como método alternativo de resolução de disputas na indústria da construção. **Revista de Arbitragem e Mediação**, São Paulo, v. 40, 2014.

LUCON, Paulo Henrique dos Santos. Títulos executivos e multa de 10%. In: SANTOS, Ernane Fidélis dos et al. (Coord.). **Execução civil: estudos em homenagem ao Professor Humberto Theodoro Junior**. São Paulo: Revista dos Tribunais, 2007.

MACHADO, M. O. A aplicabilidade dos dispute boards no Regime Diferenciado de Contratações públicas (RDC). **Revista de Doutrina Jurídica**, Brasília, DF, v. 110, n. 1, p. 12–31, 2019. DOI: 10.22477/rdj.v110i1.294. Disponível em: <https://revistajuridica.tjdft.jus.br/index.php/rdj/article/view/294>. Acesso em: 15 nov. 2020.

MADERO, Cecilia Quintanilla. Introducción a los dispute boards. **Revista de Arbitragem e Mediação**, São Paulo, v. 10, 2006.

MAIA NETO, Francisco. Formas extrajudiciais de solução de disputas. In: TRINDADE, Bernardo Ramos. **Comitê de**

resolução de disputas nos contratos de construção e infraestrutura. São Paulo: Pini, 2016

MALINVAUD, Philippe. Réflexions sur le «dispute adjudication board». **Revista de Arbitragem e Mediação**, São Paulo, v. 5, 2005, p. 101-115.

MARCONDES, Fernando. *Dispute Boards em Contratos de Construção*: o desenvolvimento do método nos países da América Latina. **Solução de Conflitos.** Cadernos FGV Projetos. n. 30, ano 12, (abril-maio), 2017, p. 106. Disponível em: <https://fgvprojetos.fgv.br/sites/fgvprojetos.fgv.br/files/cadernosfgvprojetos_30_solucaodeconflitos_0.pdf>. Acesso em: 16 mar. 2021

MASTIN, Deborah Bovarnick. Government Construction Headaches: Dispute Review Boards to the Rescue. **The Public Lower**. Volume 23, nº 2, 2015. American Bar Association. Disponível em: <https://www.americanbar.org/content/dam/aba/publications/public_lawyer/govt_construction_PLS15.pdf>. Acesso em: 04 nov. 2021.

MESQUITA, Marcelo A. Botelho de. **Adjudicação de Conflitos na Construção**. Disponível em: <https://www.botelhomesquita.adv.br/arquivos/adjudicacao_rev_12_11_marcada.pdf>. Acesso: 21 out. 2021.

MIERS, Christopher. Real Time Dispute Resolution in Rio de Janeiro... Since you Cannot Delay the Olympic Games. **Kluwer arbitration blog**. Disponível em: <http://arbitrationblog.kluwerarbitration.com/2015/05/25/real-time-dispute-resolution-in-rio-de-janeiro-since-you-cannot-delay-the-olympic-games/>. Acesso em: 11 jun. 2019.

MINAS GERAIS. Secretaria de Estado de Transporte e Obras Públicas (SETOP). **Contrato SETOP 007/2007**, de 21 de maio de 2007. Disponível em: <http://www.infraestrutura.mg.gov.br/images/documentos/mg050/CONTRATO-007-2007.pdf>. Acesso em: 23 mai. 2021.

MUÑOZ. Ramón. Panamá inaugura seu novo Canal como um ato de reivindicação patriótica. ***El País***, Madrid, 27 jun. 2016. Disponível em: <https://brasil.elpais.com/brasil/2016/06/26/economia/1466913941_375424.html>. Acesso em: 01 jul. 2021.

OLIVEIRA, Rafael Carvalho Rezende. A arbitragem nos contratos da Administração Pública e a Lei nº 13.129/2015: novos desafios. **Revista Brasileira de Direito Público**, Belo Horizonte, ano 13, nº 51. 2015. pp. 59-79.

PERU. DECRETO SUPREMO Nº 344-2018-EF, de 29 de dezembro de 2018. Reglamento de la Ley N° 30225, Ley de Contrataciones del Estado. **Diario oficial del estado del Perú**, Lima, 31 dez. 2018. Disponível em: <https://diariooficial.elperuano.pe/pdf/0022/tuo-ley-30225.pdf>. Acesso em: 29 jun. 2021.

REGO, Danilo Germano. Limites da arbitragem perante a administração pública direta brasileira. **Revista Fórum Administrativo**, ano 19, n. 224. Belo Horizonte: Editora Fórum, 2019.

RIBEIRO, Ana Paula Brandão; RODRIGUES, Isabella Carolina Miranda. Os dispute boards no Direito Brasileiro. **Revista Direito Mackenzie**, v. 9, n. 2, 2015.

RUSSO, Ann; ESATON Graham e outros. ***Dispute Board Manual: A Guide to Best Practices* and Procedures**. North Carolina: SPARK Publications, 2019.

SÃO PAULO. **Lei nº 16.873, de 22 de fevereiro de 2018**. Reconhece e regulamenta a instalação de Comitês de

Prevenção e Solução de Disputas em contratos administrativos continuados celebrados pela Prefeitura de São Paulo. São Paulo: Câmara Municipal, 23 fev. 2018. Disponível em: <http://documentacao.camara.sp.gov.br/iah/fulltext/leis/L16873.pdf>. Acesso em: 4 jun. 2019.

______, Secretaria Estadual dos Transportes Metropolitanos. Companhia do Metropolitano de São Paulo. **CONTRATO Nº 4107521301**. Disponível em: <https://aplic.metrosp.com.br/as0001/frontendTransparencia/index.php/arquivo/view/id/16418>. Acesso 04 ago. 2021.

______, Secretaria Municipal de Serviços e Obras (SMSO). **CONTRATO Nº 003/SMSO/2018**. Disponível em: <https://www.prefeitura.sp.gov.br/cidade/secretarias/upload/prefeituras_regionais/ilume/Contrato003SMSO2018.pdf>. Acesso em: 23 mai. 2021.

SOUSA, Antonio Luis Pereira de. Dispute boards. **Revista Brasileira de Alternative Dispute Resolution – RBADR.** Belo Horizonte, ano 02, n. 03, jan./jun. 2020.

TALPIS, Jeffrey A. Prevenção de disputas decorrentes de contratos internacionais. In: MEIRELLES, Jussara Maria Leal de; RIBEIRO, Marcia Carla Pereira (Coord.). Direito e Desenvolvimento: Biomedicina, Tecnologia e Sociedade Globalizada, Belo Horizonte: Editora Fórum, 2011.

TRISTÃO. Conrado. Tribunais de contas podem sustar contratos? Nova lei de licitações reforça lógica constitucional. **Jota**, 15 set. 2021. Disponível em: <https://www.jota.info/opiniao-e-analise/colunas/controle-publico/tribunais-de-contas-podem-sustar-contratos-15092021>. Acesso: 21 nov. 2021.

UNIVERSIDADE DE SÃO PAULO. Centro de Resolução de Conflitos (CRC-USP). **Regulamento de *Dispute Board*.** Disponível em: <http://glip.usp.br/wp-content/uploads/2021/05/glip.usp.br-20210525-crc-usp-regulamento-dispute-boards.pdf.> Acesso: 17 dez. 2021.

VALDÉS, Juan Eduardo Figueroa. *Dispute boards*: la visión de las partes y su co-existencia con los contratos administrativos. Experiencias en Chile. In: GARCÍA, R. H. (Coord.). **Dispute boards in Latinoamérica experiências y retos. Peru**: Estudio Mario Castillo Freyre, 2014.

VAZ, Gilberto Jose. Breves Considerações sobre os Dispute Boards. **Revista de Arbitragem e Mediação**, coordenador Arnoldo Wald, São Paulo, Revista dos Tribunais, ano 3, nº10, 2006.

VAZ, Gilberto José. NICOLI, Pedro Augusto Gravatá. **Os Dispute Boards e os contratos administrativos: são os DBs uma boa solução para disputas sujeitas a normas de ordem pública?. Revista de Arbitragem e Mediação**, São Paulo, vol. 38. 2013.

WALD, Arnoldo. Dispute Resolution Boards: evolução recente. **Revista de Arbitragem e Mediação**, São Paulo, v. 8, 2011.